Mosaik
bei GOLDMANN

Buch

Unser Alltag wird immer hektischer, viele Menschen fühlen sich erschöpft und getrieben wie ein Hamster im Laufrad. Inge Hofmann plädiert deshalb für das richtige Maß an Faulheit, denn es schenkt mehr Gelassenheit und Lebensqualität und beugt vor allem Krankheiten vor. Die Autorin zeigt, wie man die Signale des Körpers deutet und seine kostbare Lebensenergie gezielt nutzt und nicht sinnlos verpulvert. Ihr Buch bietet praktische Tipps und Anwendungen, mit denen man sich Energie-Inseln zum Entspannen und Auftanken schafft und Stress und Ärger einfach abprallen lässt.

Das Praxisbuch zum Bestseller »Faulheit ist das halbe Leben«.

Autorin

Dr. rer. nat. Inge Hofmann studierte Lebensmittelchemie und Biochemie. Die erfolgreiche Buchautorin arbeitet als Wissenschaftsjournalistin auf den Gebieten Medizin, Ernährung und Gesundheit für Tageszeitungen und Zeitschriften sowie als Dozentin an Volkshochschulen. Sie wurde mit dem Journalistenpreis 2000 der Deutschen Gesellschaft für Ernährung ausgezeichnet.

Von Dr. Inge Hofmann außerdem bei Mosaik bei Goldmann:

Faulheit ist das halbe Leben (16564)
Fittmacher fürs Immunsystem. Zus. mit Dr. Arnold Hilgers (16178)
Tabellen für die Traumfigur (16560)

Dr. Inge Hofmann

Lebe faul, lebe länger

Warum sich Müßiggang lohnt

Mosaik
bei GOLDMANN

Die Ratschläge in diesem Buch sind von der Autorin und vom Verlag sorgfältig erwogen und geprüft, dennoch kann eine Garantie nicht übernommen werden. Eine Haftung der Autorin bzw. des Verlags und seiner Beauftragten für Personen-, Sach- und Vermögensschäden ist ausgeschlossen.

Umwelthinweis:
Alle bedruckten Materialien dieses Taschenbuches
sind chlorfrei und umweltschonend.

1. Auflage
Vollständige Taschenbuchausgabe Juni 2004
Wilhelm Goldmann Verlag, München,
ein Unternehmen der Verlagsgruppe Random House GmbH

Umschlaggestaltung: Design Team München
Umschlagfoto: Masterfile/© Philip Rostron
Satz: Buch-Werkstatt GmbH, Bad Aibling
Druck: GGP Media, Pößneck
Verlagsnummer: 16631
Kö/ue · Herstellung: IH
Printed in Germany
ISBN 3-442-16631-4
www.goldmann-verlag.de

Inhalt

Vorwort

Nehmen Sie sich bitte einen Augenblick Zeit und denken Sie über Ihr Leben nach. Sind Sie zufrieden? Oder befällt Sie ein leichtes Unbehagen? Kommt Ihnen die eine oder die andere der folgenden Situationen bekannt vor?

Sie sitzen vor dem Bildschirm, warten auf eine Verbindung mit dem Server und trommeln nervös mit den Fingern auf die Schreibtischplatte. »Was für eine lahme Kiste!«, murmeln Sie vor sich hin. Dabei gab es vor Jahren weder die Kiste noch den Server und schon gar keine ultraschnellen Pentiumprozessoren, die einen Computer auf Höchstgeschwindigkeit bringen. In Bruchteilen von Sekunden wandern heute Informationen um die Welt, die früher Tage, ja sogar Wochen benötigten. Dennoch empfinden wir in dieser schnelllebigen Zeit die moderne Technik als viel zu langsam und werden sofort ungeduldig, wenn etwas nicht auf Anhieb klappt.

An manchen Tagen ist Ihr Gedächtnis löcherig wie ein Sieb. Sie vergessen, wo Sie Ihren Schlüssel hingelegt haben, erinnern sich nicht an die Namen wichtiger Gesprächspartner, stehen im Supermarkt und wissen nicht mehr, was Sie eigentlich kaufen wollten. Insgeheim fragen Sie sich besorgt, ob Sie etwa an Alzheimer leiden. Doch solche Gedächtnislücken haben höchstwahrscheinlich einen ganz anderen Grund: Die moderne Technik liefert Informationen schneller, als das Gehirn in der Lage ist, sie zu verarbeiten. Ihr Denkorgan kann nur alle drei Sekunden neue Botschaften aufnehmen. Vor »Multitasking«, also Überforderung durch eine Vielzahl gleichzeitiger Informationen, schützt sich das Gehirn durch Vergesslichkeit.

Sie fühlen sich zwischen fiependen E-Mails und bimmelnden Handys richtig high und haben das Gefühl, Ihre Kollegen seien schrecklich langsam und kaum belastbar. Für Sie dagegen kann es gar nicht flott genug gehen, Sie nehmen sogar freiwillig zusätzliche Aufgaben an. Plötzlich aber kommt es bei Ihnen zum Zusammenbruch. Warum? Das Stresshoch, das uns auf die Überholspur bringt, ist ein Alarmzeichen des Körpers, wird jedoch häufig fehlgedeutet.

Sie leiden am Wochenende häufig unter Kopfschmerzen, Ohrensausen, Schlafstörungen oder Magen-Darm-Beschwerden, obwohl Sie alles tun, um sich zu entspannen. Doch Stresshormone schlagen langsam zu; in der Freizeit zahlt man den Preis. Unzählige Menschen geben immer mehr Geld für Fitness-Gurus und Wellness-Seminare aus, um ihre Gesundheit wiederzuerlangen, die sie oft in der ersten Lebenshälfte geopfert haben, um Geld zu verdienen. Letztlich bessert man aber nur die eigene Lebensweise nach.

Wenn Sie sich in diesen Situationen wiedererkennen, dann sollten Sie gleich weiterlesen. Sie erfahren, wie Sie es schaffen, im temporeichen Alltag Ihre Kräfte zu schonen und Ihre Gesundheit zu schützen, und wie Sie Alarmsignale rechtzeitig erkennen. Lassen Sie nicht zu, dass moderne Technik Ihre biologischen Programme überrollt, sondern programmieren Sie Ihr Leben nach Ihrer eigenen Gangart. Entschärfen Sie typische Stressfallen mit Ihren körpereigenen Waffen und bleiben Sie auf diese Weise gesund und munter.

Biologische Faulheit heißt das Geheimnis, mit dem Ihnen der Alltagsstress nichts mehr anhaben kann. Lernen Sie die dynamische Kraft der Faulheit kennen und starten Sie in ein angenehmeres Leben. Ganz nebenbei schaffen Sie sich einen unübertroffenen Jungbrunnen: Sie bewahren Ihre Energie und bleiben lange jugendlich frisch und vital. Die wissenschaftlichen Erkenntnisse, die Ihnen dieses Buch ebenfalls vermittelt, sind überzeugend. Sie werden automatisch langsamer und bewusster leben!

Die schockierende Wahrheit über die Lebensenergie

Das Energiekonto des Lebens: eine feste Größe

Kennen Sie auch Menschen, die scheinbar mühelos durchs Leben gehen, immer gut gelaunt sind, blendend aussehen und deren innere Zufriedenheit geradezu faszinierend ist? Meist genießen diese beneidenswerten Geschöpfe überdies ein glückliches Privatleben und sind höchst erfolgreich im Beruf. Wer nun glaubt, diese Menschen würden rund um die Uhr arbeiten und schuften, der irrt – jedenfalls in vielen Fällen.

Wenn man sich das Leben solcher Glückspilze genauer ansieht, wird man schnell feststellen, dass es hier immer wieder Freiräume gibt: Zeit, einen schönen Ausflug zu machen, (Sch)musestunden mit dem Partner, erfüllende Hobbys, Phasen puren Nichtstuns. In der Ruhe scheint die Kraft für ihren Erfolg zu liegen.

Managementtrainer plädieren heute zunehmend für einen bewussten Umgang mit der Zeit. Im Gegensatz zum bisherigen Credo »immer schneller in immer kürzerer Zeit« und »alles ist erreichbar« stehen jetzt eine Kehrtwende zu mehr Zeit für sich selbst und eine Entschleunigung des Arbeitsalltags hoch im Kurs. Die »Ressource Mensch« hat Vorrang vor der Ressource »Zeit/Geld«.

Faulheit und Energieverbrauch

Auch in Bezug auf Ihr persönliches Lebens- und Gesundheitsmanagement dürfen Sie umdenken: Statt durch Willenskraft das Letzte aus dem Körper herauszuholen, wie es so mancher Motivationscoach predigt, sollten Sie die »biologische Faulheit« pflegen. Ja, Sie haben richtig gelesen: In der Faulheit steckt das Erfolgsrezept für ein glückliches und gesundes Leben. Es gibt wissenschaftliche Beweise dafür, dass Faulsein Vitalität und Lebensfreude schenkt und das Überlebensgeheimnis in einer immer schneller werdenden Welt ist.

Biologische Faulheit ist nicht identisch mit absolutem Nichtstun. Biologisch faul sein heißt Leben an der biologischen Ideallinie, heißt, dem Körper und der Seele geben, was sie brauchen, um optimal zu funktionieren. An die Stelle von Leistung um jeden Preis tritt die typgerechte Auslastung der Organe und Körpersysteme. Und hierzu müssen Sie unterschiedliche Programme wählen: Beispielsweise heißt Faulheit für die Leber: nicht zu viel Fett und Alkohol. Faulheit für Gefäße und Muskeln heißt insbesondere Training (Bewegungslosigkeit wäre hier Stress!). Faulheit für das Immunsystem liegt im Meiden von Schadstoffen und in Abhärtung. Und Faulheit für die Seele kann zum Beispiel darin bestehen, ein gutes Buch zu lesen.

Info

Überprüfen Sie selbst: Fühlen Sie sich nicht wohler oder weniger verbraucht, wenn Sie nicht permanent durchs Leben eilen, sondern sich eine Verringerung des Tempos erlauben? Sehen gelassen durchs Leben gehende Menschen nicht besser aus als ihre ewig gehetzten Zeitgenossen?

Faul sein, das bedeutet Lebensenergie sparen – auf diese scheinbar einfache Formel bringt es die Wissenschaft. Doch in der Praxis ist das nicht so einfach. Deshalb finden Sie in diesem Buch zahlreiche »Bio-Tipps«, die Ihnen zu einem Leben nach den Gesetzen der biologischen Faulheit verhelfen. Sie müssen nicht alles befolgen. Übernehmen Sie davon, was zu Ihnen und Ihren Vorstellungen vom Leben passt. Und Sie werden merken: Bereits kleine Schritte in Richtung biologischer Ideallinie können Ihr Leben entscheidend verändern.

Auf unserem Planeten gibt es Lebewesen, die richtig faul sind – Krokodile und Schildkröten – und dafür mit einem langen und gesunden Leben belohnt werden. Das hat die Forscher interessiert. Sie untersuchten den Energieverbrauch verschiedener Tiere und stellten fest, dass große Unterschiede im Lebenstempo herrschen: So leben etwa Tiere wie der ständig umherflatternde Kolibri oder die rasch atmende Maus äußerst energieaufwendig, während die trägen Schildkröten und Krokodile, aber auch der Blauwal oder der Elefant, mit ihren Ressourcen sehr sparsam umgehen.

Das Lebenstempo bestimmt, wie schnell ein Organismus dem Zahn der Zeit erliegt. Das zunächst simpel erscheinende Ergebnis: Leben ist Energieverbrauch. Je rascher diese Energie verrinnt, desto schneller »verschleißt« oder verbraucht sich ein Organismus. Wie in den folgenden Kapiteln gezeigt wird, ist dieser wissenschaftlich gut belegte Zusammenhang geradezu ein neues Grundgesetz des Lebens. Vieles spricht dafür, dass es auch für den Menschen gilt.

Leben heißt Energie verbrennen

Jedes Lebewesen benötigt Energie zum Leben – wir unterscheiden uns da nicht von einem Auto oder einer Maschine. Diese Energie lässt sämtliche Betriebsvorgänge im Körper ablaufen, zum Beispiel den Abbau von Nahrung, den Aufbau neuer Zellen, die Atmung, die Weiterleitung einer Schmerzempfindung. Dahinter steckt der Stoffwechsel: die Summe aller Prozesse, die einen Menschen »lebendig« sein lassen. Der Stoffwechsel stellt den Motor dar, der unseren Körper antreibt. Je schonender dieser Motor arbeiten darf, desto länger und besser tut er seinen Dienst. Wie bei einem technischen Motor bestimmt auch hier die Arbeitsleistung den Verschleiß: Je mehr Ihr Stoffwechsel arbeiten muss, je mehr Energie er folglich verbraucht – und vor allem je mehr er gegen die eigene »Betriebsanleitung« (das heißt »im falschen Gang«) arbeiten muss –, desto höher ist die Abnutzung, desto schneller fühlen wir uns verbraucht und desto leichter können wir krank werden. Es ist ähnlich wie bei einem Auto: Mit einem tiefer gelegten Sportwagen werden Sie wohl kaum durch unwegsames Gelände düsen, und ein PS-armes Gefährt bringen Sie durch ständige Raserei über kurz oder lang auf den Autofriedhof.

Ein weiteres Ergebnis der Forscher: Jedem Lebewesen – somit auch dem Menschen – steht von Geburt an der gleiche Vorrat an Energie pro Körpermasseneinheit zur Verfügung. Je schneller »die Briketts des Lebens« verfeuert werden, je heller also die innere Stoffwechselflamme brennt, desto kürzer fällt die tatsächliche Lebenserwartung aus. Vereinfacht ausgedrückt bedeutet dies: Menschen (oder Tiere), die immer in Aktion und Bewegung sind, »verbrauchen« ihren Lebensvorrat rascher als solche, die ihr

Dasein mit mehr innerer und äußerer Ruhe und Ausgeglichenheit angehen. Dies erklärt die so unterschiedlichen Lebensspannen von vier Jahren etwa bei einer Maus oder bis zu 250 Jahren bei einer Schildkröte.

In jedem Organismus schlummert das Potenzial für Gesundheit und ein langes Leben. Krankheit, vorzeitiges Altern oder ein früher Tod sind Fehlentwicklungen, die normalerweise nicht genetisch programmiert, sondern meist durch die Lebensführung und Einflüsse der Zivilisation, manchmal auch durch einen Unfall verursacht sind. Jeder Mensch besitzt folglich die Macht, sein eigenes Lebenstempo zu bestimmen. Denken Sie an Ihren Energietank, mit dem Sie durch das Leben gehen und der nicht wieder aufgefüllt werden kann. Diese Erkenntnis mag zunächst schockieren, doch sie sollte als ein Appell verstanden werden, das Leben zu genießen.

Wer intensiv lebt, lebt gegen die biologische Uhr und handelt sich oft zahlreiche typische Zivilisationskrankheiten – in Wahrheit sind dies »Tempokrankheiten« – ein.

Der gnadenlose Takt der Lebensuhr

Während Sie diese Zeilen lesen, verrinnt Lebensenergie. Sie ist unwiederbringlich ausgegeben und kann nicht zurückgeholt werden. Das Ablaufen der Lebensvorgänge können Sie nicht stoppen. Sobald ein Mensch das Licht der Welt erblickt, beginnt seine Uhr gnadenlos zu ticken. Einmal gezündet, laufen biologische Vorgänge mit einer geradezu unerbittlichen Konsequenz ab.

So verlässt beispielsweise ein Baby nach neun Monaten den Mutterleib. Bei einem Mädchen tritt heute mit durchschnittlich 12 Jahren die erste Periode ein, und sie wiederholt sich rund 40 Jahre lang im Vierwochentakt. Ein Junge kommt mit etwa 15 Jahren in den Stimmbruch. Der Mensch ist gegen solche Prozesse weitgehend machtlos. Die Natur kennt bestenfalls eine Notbremse (beispielsweise Fehlgeburt bei genetischer Schädigung der Frucht), aber keine Stoppsignale. Das gilt auch für das Ablaufen des Lebens. Einmal gestartet, verrinnt es Stunde um Stunde.

Einfluss nehmen können Sie dagegen auf den Takt Ihrer Lebensuhr. Sie entscheiden über das Lebenstempo und den damit verbundenen Verschleiß an Ihren Strukturen. Sie bestimmen, ob Ihre Energie einfach verrinnt oder ob Sie für Ihren Energieaufwand auch das Äquivalent an Leben erhalten. Leben Sie also Ihr Leben bewusst im Takt der biologischen Uhr und es wird zu einer wunderbaren Reise durch die Zeit. Setzen Sie Ihre biologischen Programme gegen den immer härteren Takt des modernen Alltags. Leben Sie mutig an der biologischen Ideallinie. Je älter Sie werden, desto mehr wird man Sie dann um Ihr jugendliches Aussehen und um Ihre Energie beneiden.

Die Sprache der biologischen Signale

Wie ein Automotor die Energie des Kraftstoffs in Bewegung umwandelt, so setzt der Körper die ihm zugeführten Stoffe um: in Substanzen, die er zur eigenen Erhaltung braucht, und in Energie, die er zum »Betrieb« benötigt. Dieser Stoffwechsel ist die Antriebskraft des Lebens. So wie der technische Motor besitzt auch dieser »Lebensmotor« entsprechend seiner Auslastung lediglich eine mehr oder weniger lange »Haltbarkeit«.

In der Technik ist es schon lange üblich, das Alter von Maschinen, Flugzeugen oder Autos nicht in chronologischen Einheiten (in Tagen, Monaten oder Jahren) zu messen, sondern danach, welche Leistung erbracht wurde. Beispielsweise werden bei manchen Automobilen die Wartungsintervalle wie bei Flugzeugen durch den Computer bestimmt. Diese Bordcomputer messen unablässig, wie stark beschleunigt wird, in welchem Gang gefahren wird, welche Leistung abverlangt wird usw., und danach – und nicht nur nach der Zahl der gefahrenen Kilometer – richten sich die Wartungsintervalle. Ein Auto, mit dem man 100 000 Kilometer auf der Autobahn zurückgelegt hat, muss ja nicht unbedingt so alt (im Sinne von verbraucht) sein wie ein Pkw, der 20 000 Kilometer nur im Stadtverkehr gefahren wurde. Und bei Flugzeugen ist dieses Altersbestimmungsverfahren längst üblich. Es entspricht auch wesentlich mehr der Logik einer Altersangabe, danach zu fragen, wie viel ein Gegenstand oder ein Organismus an Arbeit geleistet hat, als danach, wie lange er, in Jahren gemessen, schon existiert.

Über einen eingebauten Bordcomputer verfügt der Mensch

zwar nicht, doch normalerweise signalisiert uns der Körper, wie wir leben sollen. Wer die biologischen Impulse wahrnimmt und befolgt, der kann nichts falsch machen. Das Problem: Im heutigen Alltag verhallen biologische Signale häufig ungehört. Unsere inneren Impulse sind nicht für das moderne Leben ausgelegt, ihre Entwicklung hat mit dem immer schnelleren Wandel unserer Zeit nicht Schritt gehalten. Oft ist uns auch das Bewusstsein für die biologischen Bedürfnisse verloren gegangen.

Richtige Signale – falsche Reaktionen

Als ich vor kurzem einen Vortrag über das Geheimnis der Lebensenergie hielt, meinte ein junger Mann, er habe wohl zu wenig Energie. Abends sei er immer so müde und müsse bereits um halb elf Uhr ins Bett gehen, um halbwegs ausgeschlafen zu sein. Ich fragte ihn nach seinem Tagespensum. Es stellte sich heraus, dass der junge Mann einen überaus stressigen Tagesablauf hatte, mit jeder Menge Besprechungen und großem Zeitdruck. Nicht selten arbeitete er zwölf Stunden ohne Pause. Ich versicherte ihm, es sei völlig normal, sich nach einem solchen Tag müde zu fühlen und den Wunsch nach Schlaf zu verspüren. Der junge Mann fiel aus allen Wolken, als ich ihm sagte, sein Organismus schreie regelrecht nach einer Regenerationspause. Er hatte ein ganz normales biologisches Signal als persönliche Schwäche fehlgedeutet.

Damit ist der junge Mann allerdings keine Ausnahme. Die folgenden biologischen Signale werden mit schöner Regelmäßigkeit missachtet:

- Mit Einbruch der Dunkelheit am Abend wird ein Schlafhormon (Melatonin) im Organismus in Umlauf gesetzt, Müdigkeit entsteht, das Bedürfnis nach Schlaf kommt auf. Die Realität: Helles Licht, Fernsehen und jede Menge Umtriebigkeit verdrängen die Müdigkeit. Wer abends zu einer »normalen« Zeit schläfrig wird, muss sich oft als Schlafmütze belächeln lassen.

- Der Wunsch, sich zu dehnen und zu strecken, signalisiert den Zeitpunkt einer Pause. Wir glauben jedoch, uns diese nicht leisten zu können, und putschen uns stattdessen mit einer Tasse Kaffee auf.
- Wärme lässt uns schwitzen und bewahrt so den Körper auf natürliche Weise vor Überhitzung. In voll klimatisierten Büros kann dieser Schutzmechanismus nicht mehr funktionieren – und man bekommt schnell eine Erkältung.
- Hungersignale sprechen eine scheinbar eindeutige Sprache. Doch durch moderne Fertigprodukte, Junkfood und die Angewohnheit, hastig oder gar während der Arbeit zu essen, entfernt sich die Nahrungsaufnahme immer mehr von ihrer biologischen Bedeutung, den Körper leistungsfähig zu erhalten.
- Schlaffe Muskeln, ein schwacher Kreislauf und Energiemangel sind meist Anzeichen dafür, dass wir mehr Bewegung brauchen. Um keine »unnötige Zeit« zu verschwenden, wird jedoch nicht selten zu muskelstraffenden Cremes und Lotionen, zu oft zweifelhaften Sport- oder Energiegeräten oder zu munter machenden Powerdrinks gegriffen.
- Heißhunger auf Süßes gepaart mit einer depressiven Stimmung signalisiert fehlende Sonne und Licht. Als »Ersatz« sollen dann häufig Süßigkeiten oder Zigaretten das Problem lösen.
- Bei schweren Beinen legen wir uns hin, anstatt uns – was angebracht wäre – auf die Beine zu machen und zu bewegen.

In den folgenden Kapiteln lernen Sie, wie Sie Ihre biologischen Signale wieder wahrnehmen und wie Sie darauf richtig reagieren. Sie erfahren alles darüber, wie Sie biologische Faulheit im Alltag praktizieren können und dadurch mehr Energie und Vitalität geschenkt bekommen. Sie erhalten das Wissen, wie Sie Ihre »Stoffwechselbriketts« dosiert in das Feuer des Lebens legen können und wie Sie Energieverschwendung im Körper bekämpfen. Und Sie werden erkennen: Faul leben ist ein einfacher und höchst erfreulicher Prozess, der letztlich keine Anstrengungen erfordert und bei dem nichts schief gehen kann. Im Gegenteil. Sie werden ein solches Leben als äußerst angenehm empfinden, da es biologisch in die Natur des Menschen einprogrammiert ist.

Energie-Kicks aus dem eigenen Körper

Kennen Sie das berauschende Gefühl, auf Wolken zu schweben? Es stellt sich beispielsweise ein, wenn man frisch verliebt ist, wenn man ausgiebig Sport getrieben hat – und auch bei Stress! Schuld daran sind Hormone und Botenstoffe, die der Körper in Umlauf schickt, um mit der Belastungssituation fertig zu werden. Diese Stoffe sprechen auch im Gehirn eine deutliche Sprache: Sie machen anfangs high und später süchtig.

Das Notfallprogramm

Wenn der Mensch eine außergewöhnliche Belastung wie etwa eine plötzliche Gefahr, eine Hiobsbotschaft oder eine schwere Krankheit verkraften muss, werden zunächst bestimmte Notfallmechanismen in Gang gesetzt. Diese sorgen dafür, dass wir kör-

Info

Wer mit seiner Lebensenergie vernünftig umgeht, belastet seinen Körper nicht so stark, und dieser wiederum dankt die behutsame Behandlung mit Wohlbefinden und einem blendenden Aussehen. Schon allein dafür sollten sich ein gewisses Umdenken und der bewusste Gang durchs Leben lohnen.

perlich und seelisch mit der Ausnahmesituation zurechtkommen. Dabei gerät der Stoffwechsel kurzfristig aus dem Gleichgewicht. Hormone bringen den Körper in einen solchen überaktiven Zustand. Das Herz schlägt schneller, der Blutdruck steigt, die Bewegungen werden rasch und zielgerichtet, das Immunsystem wird »heruntergefahren«, und das Blut wird mit Energiespendern (Zucker, Fettsäuren) überflutet. Der ganze Körper wird auf aktives Handeln vorbereitet. Die freigesetzten Hormone dienen der Lebenserhaltung, die bereitgestellten Energien liefern die Kraft für den Kampf oder die Flucht. Dieses biologische Programm putscht auf – deshalb kann man sich an der eigenen Leistungsfähigkeit berauschen. Ein absolutes Hochgefühl.

Achten Sie darauf, dass eine Stressreaktion immer aus zwei Phasen besteht: einer Aktionsphase und einer Entspannungsphase.

Ist die Gefahr vorbei, schaltet das Hormonsystem das körperliche Notfallprogramm wieder ab und leitet eine Ruhe- und Entspannungsphase ein. Diese Erschöpfung wird als angenehm empfunden und sollte bewusst genossen werden. Danach befindet sich der Stoffwechsel wieder im Gleichgewicht. Wenn ein solches Stressereignis nur von kurzer Dauer ist und adäquat abreagiert wird, schadet dies dem Organismus überhaupt nicht und kann dem Leben sogar die richtige Würze geben.

Wichtig ist allerdings, dass nach jedem Stresszustand eine Phase der Entspannung oder der Bewegung eintritt, damit die Stressreaktion in vollem Umfang ablaufen kann. Folgen dagegen immer weitere außergewöhnliche Belastungen, ohne dass der Organismus wieder ins Lot kommt, fehlt also der zweite Teil der Notfallreaktion, gerät der Körper schließlich in einen Zustand ständiger Aktivität und Wachsamkeit und funktioniert wie etwa eine zu scharf eingestellte Alarmanlage. Bereits das Klingeln des Telefons oder ein eingehendes Fax kann dann einen Schweißausbruch oder Übelkeit auslösen. Je mehr solcher Stressfaktoren ein Mensch innerhalb eines bestimmten Zeitfaktors verkraften muss, umso geringer wird seine körperliche und seelische Anpassungsfähigkeit.

Langfristig drohen eine Schwächung des Organismus und Krankheit. Die Anfälligkeit für Erkrankungen nimmt zu. Zunächst sind es nur harmlose Erkältungen, dann folgen Magen-Darm-Erkrankungen bis hin zum Magengeschwür, Herz-Kreislauf-Erkrankungen, Infarkt oder sogar Krebs. Die Forscher sind sich heute einig, dass zahlreiche, oft als Altersleiden bezeichnete Erkrankungen wie Allergien, verschiedene Formen von Entzündungen oder auch Impotenz häufig auf das Konto von chronischem Stress gehen.

Im Rausch der Hormone

Hinter dieser körperlichen Mobilmachung stecken eine ganze Reihe von Hormonen. Als Sofortprogramm werden die so genannten Katecholamine, die Hormone Adrenalin und Noradrenalin, aus den Nebennieren ausgeschüttet. Danach gelangen die Glukokortikoide (insbesondere das Kortisol) und schließlich das Wachstumshormon in den Umlauf.

Adrenalin bringt den Körper auf Hochtouren. Es mobilisiert rasch sämtliche Reserven des Körpers und bringt zudem weitere Hormone auf Trab, insbesondere die Schilddrüsenhormone, die den gesamten Stoffwechsel auf die Überholspur bringen. Zudem regt Adrenalin Herz und Kreislauf an, überflutet das Blut mit Energie und macht hellwach. Dieses Hormon holt kurzfristig Höchstleistungen aus dem Körper heraus, man hat das Gefühl, alles schaffen und erreichen zu können. Das Gespür für die eigenen Grenzen geht völlig verloren.

Noradrenalin wirkt meist wie Adrenalin, hat aber zugleich entgegengesetzte Wirkungen. Adrenalin und Noradrenalin werden auch im sympathischen Nervensystem gebildet und reagieren direkt auf Sinneseindrücke verschiedenster Art. Das erklärt die oft intensive Sofortwirkung angenehmer Sinneseindrücke: Sie riechen zum Beispiel den Duft von frisch gebackenem Kuchen und bekommen sofort Appetit. Oder Sie spüren die Haut Ihres Liebsten und wollen auf der Stelle kuscheln.

Unter Stress schärfen Adrenalin und Noradrenalin unsere Sinne. Hierin liegt wohl der Grund, weshalb gestresste Manager (oder Managerinnen) anfällig für die Reize des anderen Geschlechts werden.

Ein weiteres Hormon aus den Nebennieren, das Kortisol, spielt im Stressgeschehen ebenfalls eine zentrale Rolle. Unter normalen Bedingungen ist Kortisol das Hormon, das Schmerzen zum Abklingen bringt und Wunden heilen lässt. Unter Belastung wird jedoch zu viel von diesem Hormon freigesetzt – und dann verkehren sich die guten Wirkungen in das Gegenteil. Knochensubstanz wird abgebaut, Haut und Haare werden fahl, der Organismus scheint rasch zu altern.

Dies hängt mit der katabolen Wirkung von Kortisol zusammen, das heißt, es fördert den Abbau von Proteinen (Eiweißen, vor allem Muskeleiweiß und Kollagen), daher auch die eingefallenen Gesichtszüge bei Menschen, die permanent unter hohem Leistungsdruck stehen. Ein Zuviel an Kortisol kann darüber hinaus Magen- beziehungsweise Zwölffingerdarmgeschwüre hervorrufen und die Abwehr unterdrücken. Übrigens: Wenn Sie zu Beginn eines Urlaubs regelmäßig eine Erkältung bekommen, hat das gleichfalls mit Ihrem Kortisolspiegel zu tun. Sobald Sie nämlich Ihren gestressten Organismus plötzlich »herunterfahren«, sinkt auch ganz rasch der Kortisolspiegel. Erreger, die zunächst in

Info

Der Kick aus dem Gehirn

Unser Gehirn kann uns richtig high machen. Das passiert, wenn wir Sport treiben und Endorphine ausgeschüttet werden. Es passiert, wenn wir gestreichelt werden und das Wohlfühlhormon Oxytocin in den Blutkreislauf gelangt. Es passiert aber auch unter Stress, durch die Ausschüttung von Adrenalin, Noradrenalin und Kortisol. Diese Stresshormone versetzen uns zunächst in einen Rauschzustand, man hat den Eindruck, immer mehr in immer weniger Zeit schaffen zu können.

Schach gehalten wurden, haben nun leichtes Spiel, zumal Ihre Abwehrkräfte noch reduziert sind.

Die Sucht nach diesem Stresshoch entsteht im Gehirn. Hier befinden sich Andockplätze, so genannte Rezeptoren, für die glücklich machenden Botenstoffe des Körpers. Da das Gehirn stets darauf programmiert ist, dem Menschen Glücksgefühle zu vermitteln, wird der Ruf nach diesen Botenstoffen immer lauter. Wir suchen die Situation, die diese Sucht befriedigt. Irgendwann – und zwar sehr rasch – ist das Limit der körpereigenen Hormone jedoch erreicht. Und wenn die Situation den Kick nicht mehr hergibt, also die körpereigenen Drogen nicht mehr ausreichen, wird nicht selten auf chemische Drogen ausgewichen, um sich dieses Hochgefühl wieder zu verschaffen.

Wenn körpereigene Muntermacher nicht ausreichen

Auf der Suche nach dem immer größeren Kick wird oft zu Aufputschmitteln gegriffen, wie beispielsweise Amphetaminen. Diese Mittel steigern kurzzeitig die Leistungs- und Konzentrationsfähigkeit und führen zu einer regelrechten Euphorie. Sie können jedoch auch psychotische Reaktionen und Halluzinationen (Sinnestäuschungen) hervorrufen. Sie machen nicht körperlich, wohl aber psychisch abhängig. Vor allem entwickelt der Körper schnell eine Toleranz gegenüber diesen Mitteln, so dass der Abhängige die Dosis ständig steigern muss.

Die Droge der New Economy (siehe auch Seite 80f.) ist das Kokain, auch Koks genannt. Kokain verleiht Flügel, es hat die Wirkung hoher Amphetamindosen. Seine Wirkung hält allerdings nie lange vor, was dazu verführt, es in immer kürzeren Abständen einzunehmen. Deswegen kommt es bei Kokain auch zu Vergiftungserscheinungen nach einer Überdosis, zum Beispiel zu erhöhtem Blutdruck, Muskelzuckungen und Halluzinationen.

Genauso gefährlich sind die Tranquilizer, also Beruhigungs-

Info

Wenn Sie bereits zu Drogen gegriffen haben: Nehmen Sie Ihr Verhalten als aufflackernde Warnlampe. Was läuft in Ihrem Leben schief, dass Sie sich so antreiben müssen und Ihrem Körper das zumuten?

mittel, die oft nach einem Hormon- oder gar Drogenrausch geschluckt werden. Zu ihnen gehören neben Valium Dutzende anderer Substanzen, die millionenfach gegen Schlafstörungen und Angstzustände verschrieben werden.

Bio-Tipp: Den Weg in die Sucht vermeiden

➔ Wenn bei Ihnen das adrenalingesteuerte Stressprogramm abläuft, lassen Sie auch die zweite Phase zu, die Entspannungsphase. So kommt Ihr Organismus wieder ins Lot und Ihr Suchtpotenzial konzentriert sich nicht nur auf das Hoch, sondern auch auf die Entspannung. Ihr Körper wird sich an die vollständige Reaktion gewöhnen. Setzen Sie auf die natürlichen Vitalitätsfaktoren Schlaf, Sport, Ernährung und Geselligkeit.

Das biologische Gesetz vom Energiesparen und Reparieren

Die Energieproduktion im Körper

Damit wir Kraft zum Leben haben, brauchen wir Energie – genau wie ein Auto zum Fahren. In einem Verbrennungsmotor wird ein Gemisch aus Luft und Benzin durch einen Zündfunken zur Explosion gebracht. Dabei wird die im Benzin gespeicherte Energie in Bewegungsenergie umgewandelt, was schließlich die Räder zum Rollen bringt. Ein relativ hoher Energieanteil geht als Wärme verloren. Da der Motor ständig auf Energienachschub angewiesen ist, kann er nicht mehr arbeiten, wenn der Tank leer ist. Auch muss der Vergaser ständig frischen Sauerstoff ansaugen, weil sonst der Treibstoff nicht verbrannt werden kann.

Ähnlich verhält es sich mit unserem Organismus. Hier stammt die Energie aus den Körperzellen, die wie kleine Kraftwerke funktionieren. Ihr Treibstoff sind freie Fettsäuren und Zucker, die dort in spezielle Energieeinheiten umgewandelt werden. Die wichtigste energiereiche Verbindung des menschlichen Körpers ist das Adenosintriphosphat, ATP, das für die meisten energiever-

Info

Ohne Sauerstoff läuft nichts. Sorgen Sie daher immer für genügend frische Lust in Ihrer Umgebung. Lüften Sie regelmäßig, schlafen Sie bei geöffnetem Fenster und gehen Sie täglich hinaus ins Freie.

brauchenden Prozesse der Zelle herangezogen wird; es ist die Energiewährung der Zelle.

Diese Energieeinheiten stellen einen besonderen Sprit dar, der den Körper funktionieren lässt. Damit dieser energieerzeugende Prozess gut klappt, muss Sauerstoff anwesend sein und müssen die dabei entstehenden Abfallprodukte aus der Zelle weggeräumt werden. Ferner müssen Enzyme – kleine Reaktionsbeschleuniger oder Katalysatoren – vorhanden sein, die alles so zubereiten, dass eine Verwertung des gebildeten Sprits und eine Entsorgung der dabei anfallenden Abfallstoffe im Kraftwerk und in der Zelle stattfinden können. Diese Enzyme dürfen nicht defekt sein. Im Unterschied zum Verbrennungsmotor ist die frei gewordene Wärme kein Abfallprodukt, sondern hält den Körper auf Betriebstemperatur. Wenn diese Treibstoffproduktion optimal klappt, ist dies im ganzen Körper zu spüren. Es steht uns permanent Energie zur Verfügung, sowohl für die bewussten Aktivitäten wie Muskelkontraktion als auch für die unbewussten Stoffwechselvorgänge wie Atmung oder Verdauung.

Energiefaktor Ernährung

Energie ist definiert als die Fähigkeit, Arbeit zu leisten. Diese Energie nimmt der Körper vorwiegend in Form von chemischer Energie aus den Nahrungsstoffen auf. Vereinfacht ausgedrückt fungiert die Ernährung als der Sprit des Lebens; sie ist Energie und Baustoff und sichert das Überleben des Organismus, sie bildet die Grundlage, auf der körperliche und geistige Gesundheit wachsen können. Die tägliche Kost entscheidet auch darüber, wie fit und gesund wir sind, als wie stark sich unser Immunsystem erweist und wie wir aussehen. Es zahlt sich somit aus, der Ernährung besondere Aufmerksamkeit zu schenken.

Dabei sind sowohl die Menge als auch die Art der zugeführten Nahrungsmittel von Bedeutung. Das in der Nahrung enthaltene Potenzial steckt in den folgenden Grundbausteinen:

Kohlenhydrate

Als Zucker gehen Kohlenhydrate schnell ins Blut und liefern dadurch rasch Energie für die Muskeln. Sie sind daher die bevorzugte Energiequelle. Organe und Gewebe, zum Beispiel die Muskulatur und das Gehirn, können Kohlenhydrate besonders gut verwerten. Kohlenhydrate kommen hauptsächlich in pflanzlichen Nahrungsmitteln wie Getreide, Obst, Gemüse, Hülsenfrüchten und Kartoffeln vor. Idealerweise sollten Kohlenhydrate in Form von Stärke aufgenommen werden, die nur langsam ins Blut wandert und dadurch lange satt macht. Ein Zuviel wird als Fettdepots gespeichert. Alle aufgenommenen Kohlenhydrate werden im Verdauungstrakt bis zu Zweifach- und Einfachzuckern gespalten. Dabei fällt hauptsächlich Glukose (Traubenzucker) an. Glukose stellt das zentrale Molekül des Zuckerstoffwechsels dar; sie kann direkt verwertet werden (beispielsweise in den Muskeln) und ist der einzige Energielieferant des Gehirns. Die meisten anderen Organe können auch Fettsäuren in Energie umwandeln.

Eiweiß

Eiweiß liefert genauso viel Energie wie die Kohlenhydrate, doch wird es zum Aufbau von Hormonen, Enzymen, Zellen, Haut, Haaren, Muskeln usw. verwendet. Erst bei extremer Belastung werden Aminosäuren – die Bausteine der Eiweiße – energiebringend verbrannt. Ein Zuviel an Eiweiß ist gefährlich, da es sich im Körperinneren (Arterien, Herzkranzgefäße) ablagert und damit zunächst nicht so auffällt wie äußerliche Fettpolster. Zusätzlich belastet ein Eiweißüberschuss die Nieren. Langfristig drohen Gefäßerkrankungen. Da der Körper nur geringe Mengen Eiweiß speichern kann, muss er täglich mit 45 bis 55 Gramm Eiweiß (Erwachsene) versorgt werden. Die Hälfte davon sollte aus Milch, Käse, Eiern, Fleisch und Fisch stammen.

Leistungsfähigkeit, Gesundheit und Lebensfreude sind auf Dauer ohne eine hochwertige und ausgewogene Ernährung kaum möglich.

Fett

Fett liefert mehr als doppelt so viel Energie wie Kohlenhydrate und Eiweiß. Neben seiner Funktion als Energieträger wird Fett als Baustoff für Zellwände, Hormone, Botenstoffe usw. benötigt. Fett im Übermaß erhöht sehr schnell das Körpergewicht und fördert das Risiko einer Arterienverkalkung. Der Fettverzehr sollte möglichst niedrig gehalten werden. Soweit möglich sollten tierische Fette durch pflanzliche Fette mit hohem Linolsäureanteil ersetzt werden (Sonnenblumenöl, Mais- und Weizenkeimöl).

Vitamine

Diese organischen Substanzen können vom Körper nicht oder nicht in ausreichenden Mengen hergestellt werden und müssen deshalb mit der Nahrung zugeführt werden. Vitamine sind an einer Vielzahl von Auf- und Umbauschritten im Körper beteiligt und ermöglichen so den Abbau der Hauptnährstoffe, die Steuerung des Stoffwechsels und den Aufbau neuer körpereigener Substanzen.

Mineralien und Spurenelemente

Hierbei handelt es sich um anorganische Bestandteile pflanzlichen und tierischen Gewebes, die bei praktisch allen Lebensvorgängen eine wichtige Rolle spielen. Sie sind Gerüst- und Stützsubstanzen des Körpers (Zähne, Knochen), unterstützen die Enzyme, sind an der Weiterleitung von Nervenimpulsen beteiligt, steuern die Durchlässigkeit der Zellwände, puffern Körperflüssigkeiten. Nach der benötigten Menge unterscheidet man Mengenelemente (beispielsweise Kalzium, Magnesium) und Spurenelemente (beispielsweise Mangan, Kobalt). Sie müssen mit der Nahrung zugeführt werden.

Ballaststoffe

Ballaststoffe bestehen aus pflanzlichen Zellwänden und Strukturen, die im menschlichen Körper fast nicht abgebaut werden. Die so genannten löslichen Ballaststoffe verlängern die Verweilzeit der aufgenommenen Nahrung im Magen und sorgen dadurch für ein frühzeitiger spürbares und länger anhaltendes Sättigungsgefühl. Sie sind quasi natürliche Appetitzügler. Durch ballaststoffhaltige Nahrung wird ferner der Abbau aller Kohlenhydrate verzögert, wodurch auch der Zuckerspiegel im Blut langsamer steigt. Das bewirkt ebenfalls ein lange vorhaltendes Sättigungsgefühl. Außerdem sorgen »unlösliche« Ballaststoffe durch ihre Quellfähigkeit im Darm für eine zügige Verdauung und einen schnellen Abtransport der Stoffwechselprodukte.

Sekundäre Pflanzenstoffe

Sekundäre Pflanzenstoffe sind zum Beispiel typische Farb-, Geschmacks- und Geruchsstoffe in Obst und Gemüse. Zahlreiche Studien weisen darauf hin, dass diese Substanzen eine ausgesprochen gesundheitsfördernde Wirkung besitzen und einen wesentlichen Beitrag zum Schutz vor Herz-Kreislauf-Erkrankungen und möglicherweise sogar Krebs leisten.

Die innere Energiefabrik

Wenn nun der Körper Arbeit leisten muss, ist er auf eine permanente Energiezufuhr angewiesen. Diese Energie liefern das bereits erwähnte ATP (siehe Seite 34) und in der Muskulatur zusätzlich das Kreatinphosphat. Doch diese zwei Energiespeicher sind nach wenigen Sekunden Belastung verbraucht, müssen also ständig neu gebildet werden. Dazu gibt es verschiedene Mechanismen, je nachdem wie hoch die körperliche Belastung ausfällt und wie viel Sauerstoff im Körper vorhanden ist.

Die beiden Hauptenergielieferanten sind Zucker (Glukose) und Fettsäuren. Befindet sich genügend Sauerstoff im Blut, werden diese Substanzen sehr effektiv in Kohlendioxid, Wasser und Energie zerlegt (aerober Abbau). Ist dagegen zu wenig Sauerstoff verfügbar, kann Zucker ohne Sauerstoff zerlegt werden (anaerober Abbau). Dieser Prozess läuft schneller ab, die Energieausbeute ist dabei aber etwa dreizehnmal geringer als beim aeroben Abbau. Außerdem entsteht als Nebenprodukt Milchsäure, die die Zellfunktion beeinträchtigt und überdies zu Muskelkater führt.

Treiben Sie regelmäßig, aber maßvoll Sport. Sie verbessern dadurch die Energiebilanz Ihres Körpers.

Während eines gemütlichen Spaziergangs steigt der Gesamtenergiebedarf des Körpers nur mäßig an, die Energie kann auf aerobem Weg gewonnen werden. Bei einem mittelschnellen Dauerlauf entsteht zunächst ein Sauerstoffdefizit, wodurch die Energie anfänglich auf anaerobem Weg gedeckt wird; dann ergibt sich jedoch rasch ein Gleichgewicht zwischen Sauerstoffverbrauch und Sauerstoffnachschub, und die Energie kann wieder aerob geliefert werden. Bei einem Lauf mit hoher Geschwindigkeit werden alle verfügbaren Energiereserven eingesetzt. Die Energie stammt sowohl aus dem aeroben als auch dem anaeroben Abbau. Dabei baut sich ein Pegel an Milchsäure auf, der die weitere Energiefreisetzung in zunehmendem Maße behindert, was schließlich zum Abbruch der Belastung führt. Je nach Trainingszustand und genetischer Ausstattung tritt dieser Zeitpunkt unterschiedlich rasch ein. Fettsäuren werden erst angegriffen, wenn die Zuckerdepots entleert sind und wenn ausreichend Sauerstoff zur Verfügung steht, also bei einer wenig anstrengenden Dauerbelastung wie einem langsamen Langstreckenlauf.

Bio-Tipp: So optimieren Sie Ihre Energiebilanz

➜Meiden Sie »Turbo-Zucker«. Auch wenn Zucker der Hauptbrennstoff ist – er kann sehr leicht zum Energieräuber werden. Wer sich Zucker in reiner Form zuführt, sei es als Hauptmahlzeit oder zwischendurch, stimuliert die Ausschüttung großer Mengen des blutzuckersenkenden Hormons Insulin. Ein sinkender Blutzuckerspiegel ist aber ein Hunger- und Müdigkeitssignal und fördert den Griff nach Essbarem, allzu oft nach Kalorienbomben wie einem Schokoriegel.

➜Beschränken Sie daher den Konsum von Produkten, die große Mengen an reinem Zucker enthalten, etwa Süßigkeiten, Fertigdesserts, Brotaufstriche, Marmeladen, Weißmehlprodukte, polierter Reis, Limonaden und Fruchtsaftgetränke. Größere Mengen an reifem Obst erhöhen ebenfalls durch ihren Zuckergehalt den Blutzuckerspiegel. Setzen Sie stattdessen auf Lebensmittel, die komplexe und damit langsam ins Blut wandernde Kohlenhydrate enthalten und ein lange anhaltendes Sättigungsgefühl erzeugen, wie Vollkornprodukte, Kartoffeln, Hülsenfrüchte (Linsen, Erbsen, Bohnen) und Gemüse.

Info

Auch psychischer Stress kann – bedingt durch eine Senkung der Atemkapazität – zu einer anaeroben Energiegewinnung führen. Man spürt dies an einem Kältegefühl tief im Inneren des Körpers. Hält dieser Zustand länger an, kann es zu einem ausgeprägten Energiedefizit kommen.

➔Sehr gefährlich für Ihre Energiebilanz (und auch für Ihre Figur) sind Lebensmittel, die sowohl Fett als auch »Turbo-Zucker« enthalten. Dies sind vor allem Schokolade und Schokoladenprodukte, Cremetorten, Pralinen, Dessertspeisen, Baguette, Croissants und Toastbrot, insbesondere mit einem süßen Aufstrich. Der Zucker wird zur Energiegewinnung verbrannt, das Fett wandert nahezu ungenutzt auf Ihre Hüften oder Ihren Bauch.

Der langsame Weg in das Energiedefizit

Funktioniert die innere Energiefabrik nicht mehr ausreichend, so macht sich dieser Prozess zunächst nur langsam bemerkbar. Erhält eine Zelle zu wenig Energie, arbeitet sie nicht mehr richtig. Trifft dieser Energiemangel mehrere Zellen, so kann es schließlich zu Fehlfunktionen von einzelnen Organen bis hin zu kompletten Funktionsausfällen kommen, da Zellen die kleinste Einheit eines jeden Organs darstellen. Erste Anzeichen eines solchen Energiemangels im Körper sind Müdigkeit, Gefäßkrämpfe, Stauungen des Blutflusses, Bildung von Ödemen, Kopfschmerzen bis hin zum Migräneanfall, erhöhte Empfindlichkeit der Seh- und Hörnerven (Lichtempfindlichkeit, Lärmempfindlichkeit), Herzrhythmusstörungen oder erhöhter beziehungsweise erniedrigter Blutdruck.

Die Folgen eines Energiemangels

Besonders kritisch sind die Auswirkungen eines Energiemangels in der Zelle auf die Nervenfasern. Damit sie Impulse im Körper rasch weiterleiten können, muss die Energieverteilung innerhalb und außerhalb einer Nervenzelle stimmen, das heißt, sie muss richtig gepolt sein. Um diese korrekte Polung aufrechtzuerhalten, wird Energie benötigt. Fehlt diese Energie, stimmt die Ladungsverteilung an den Nervenfasern nicht mehr, diese reagieren in der Folge nervöser, erregen sich aufgrund von Reizen, die vorher wirkungslos blieben. Man ist dann lärmempfindlicher, lichtempfindlicher, schmerzempfindlicher und unruhiger, man regt sich schneller auf und ist unkonzentriert, da das Nervensystem nun viel mehr Informationen verarbeiten muss. Diese Mehrarbeit wiederum kostet mehr Energie. Da diese nicht ausreichend kompensiert werden kann, verschlimmern sich die Zustände.

Ist der Energiegewinnungsprozess gestört, liegen auch die Nerven blank: Man ist unruhig, nervös und überempfindlich.

Für das vegetative beziehungsweise autonome, das heißt nicht unserem Willen unterliegende Nervensystem bedeutet Energiemangel, dass die Regelkreise und Reflexe labiler werden. Sie schießen oftmals über die zu regelnden Werte hinaus. Die Folgen sind Schwindelgefühle, Verdauungsstörungen, ein Blutdruckabfall wie auch das Gegenteil, spontaner Bluthochdruck, oder eine übermäßige Hormonausschüttung mit allen nachteiligen Auswirkungen. Nervosität und Reizbarkeit haben also in vielen Fällen schlicht mit einem Mangel an Energie zu tun. Wird einem solchen Energiedefizit in den Zellen nicht rechtzeitig Einhalt geboten, so kommt es zum Zelltod und damit zum Funktionsbild einer Entzündung. Viele Ärzte stellen in diesem Fall – aus Unwissenheit – die Diagnose »funktionelle Störung«, »vegetative Dystonie« oder Ähnliches. Früher bezeichnete man einen solchen Zustand nach seinem auffälligsten Symptom als Nervenzusammenbruch.

Es ist somit von entscheidender Bedeutung, einen Energiemangel im Körper zu bekämpfen beziehungsweise gar nicht erst entstehen zu lassen. Dieser Mangelzustand kann sich aber bei jedem Menschen im täglichen Leben einstellen.

Energiemangel, weil Sauerstoff fehlt

Damit die tägliche Energiebilanz stimmt, muss reichlich Sauerstoff vorhanden sein. Die einzelnen Sauerstoffmoleküle aus der Atemluft werden über die Lunge in das Blut geschleust. Hier beladen sie gewissermaßen ein »Taxi«, den roten Blutfarbstoff, das eisenhaltige Hämoglobin. In diesem Träger reist der Sauerstoff zu den Geweben, in denen er benötigt wird. Die Beladung des Hämoglobins mit dem Sauerstoff gelingt umso besser, je kälter die Luft in der Lunge ist. Umgekehrt erfolgt die Ablösung des Sauerstoffs von seinem Transporter umso leichter, je wärmer es im Gewebe ist. Dies erklärt, warum Wintersport so erholsam ist. Die eingeatmete Luft ist sehr kalt, der Sauerstoff kann reichlich vom Gewebe aufgenommen werden; umgekehrt ist durch die Bewegung das Gewebe recht warm, der Sauerstoff kann leicht wieder abgegeben werden.

Sauerstoffmangel durch Luftverschmutzung

Mit der heutigen Atemluft gelangen regelmäßig Gase in die Lunge, die kleine Verätzungen hervorrufen und somit eine Sauerstoffaufnahme behindern. Es sind dies insbesondere die Stickoxide, Schwefelsäure, Salpetersäure, chemische Radikale, zum Beispiel das Ozon, und Kohlenwasserstoffe. Diese latenten Entzündungen in den Tiefen der Lungen verlaufen gewöhnlich unbemerkt, denn dort gibt es keine Schmerzrezeptoren. Zahlreiche solcher Entzündungsherde führen schließlich zu einer Verdickung der Membranen in der Lunge, wodurch der Sauerstoff nur noch ungenügend durchdringen kann.

Ferner herrscht in Ballungsräumen ein zunehmend geringeres Sauerstoffangebot. Alle Verbrennungsprozesse, Kraftfahrzeuge und viele Industriebetriebe brauchen Sauerstoff für ihre Energieerzeugung – genauso wie die Verbrennungsprozesse im menschlichen Körper. Die Sauerstoffbildung in der Natur erfolgt durch Pflanzen, vor allem durch die grünen Blätter der Bäume und durch das Meeresplankton. Die meist dürftige Bepflanzung in den Großstädten reicht dafür, vor allem im Winter, nicht mehr aus: Es fehlt an Sauerstoff.

Bei zahlreichen Verbrennungsprozessen (auch im Automotor) entsteht überdies ein weiteres giftiges Gas, das Kohlenmonoxid. Dieses unsichtbare Gift bindet sich bis zu dreihundertmal stärker an den roten Blutfarbstoff als der Sauerstoff. Damit verdrängt es die Sauerstoffmoleküle, und da sich diese Verbindung von Kohlenmonoxid und Hämoglobin bis zu sechs Wochen lang halten kann, kommt es zu einer Anhäufung von Kohlenmonoxid im Blut. Gleichzeitig stehen nun nicht mehr so viele »Taxis« für den Sauerstoff zur Verfügung, so dass ebenfalls weniger Sauerstoff in das Gewebe gelangt.

Sauerstoffmangel durch Nitrat in der Nahrung

Ein mangelhafter Sauerstofftransport kann aber auch Folge einer falschen Ernährung sein. Normalerweise ändert das Eisen im Hämoglobin bei der Sauerstoffanlagerung seine Wertigkeit vorübergehend, das heißt, es pendelt zwischen zwei Wertigkeitszuständen. Wenn nun die Nahrung zu viel Nitrat enthält, dann entsteht eine irreversible Wertigkeitsänderung des Eisens. Dieses veränderte Hämoglobin fällt fortan für den Sauerstofftransport aus. Nitrat gelangt allerdings nicht nur durch die Nahrung – durch überdüngtes Gemüse und durch gepökelte Fleisch- und Wurstwaren – in den Körper, sondern zunehmend auch über das Trinkwasser, insbesondere in landwirtschaftlich stark genutzten Gegenden und in Weinbaugebieten. Nitrate bergen daneben noch eine weitere Gefahr, sie werden im Mund und im Magen zu Nitriten umgewandelt. Diese Nitrite verbinden sich dann mit Aminen aus der Nahrung zu Nitrosaminen. Und Nitrosamine gelten als potente Krebserzeuger. So tritt beispielsweise ziemlich eindeutig Nierenkrebs dort häufig auf, wo das Trinkwasser einen hohen Gehalt an Nitraten aufweist. Als Gegenmaßnahme empfiehlt es sich, Salate mit Zitronensäure anzumachen und gepökelten und geräucherten Schinken sowie Wurstwaren mit einem Schluck Sauren, am besten zusammen mit Vitamin C, zu verzehren. Kinder sind durch Nitrate besonders stark gefährdet. Ihnen fehlt nämlich noch ein Enzym, das das veränderte Hämoglobin wieder in normales funktionstüchtiges Hämoglobin zurückführen kann. Dieses Enzym ist erst bei Erwachsenen voll aktiv, wird aber auch dann durch zu viel Nitrat überfordert.

Info

Rauchen mit viel Kohlenmonoxid im Inhalationsvolumen verschärft das Sauerstoffproblem. Messungen zufolge bleiben regelmäßig mehr als 75 Prozent des Kohlenmonoxids im Körper, wenn auf Lunge geraucht wird.

Körpereigene Überlebensprogramme verstärken den Sauerstoffmangel

Ein Sauerstoffmangel-Regelkreis kann sich noch weiter hochschaukeln, und zwar durch einen an sich sinnvollen Überlebensmechanismus des Körpers. Der Sauerstoffgehalt im Blutstrom wird permanent gemessen. Zu wenig Sauerstoff löst sofort Gegenmaßnahmen aus. Diese Maßnahmen haben sich im Lauf der Evolution als sinnvoll erwiesen, ergeben aber bei der heutigen Lebensweise neue Probleme. Die Lebensdauer eines roten Blutkörperchens beträgt rund 100 bis 120 Tage. Ist es mit Kohlenmonoxid kontaminiert, fällt es für einen Teil dieser Zeit aus. Prinzipiell wäre das nicht so tragisch, denn pro Minute werden 160 Millionen rote Blutkörperchen neu ersetzt. Schlimm wird die Angelegenheit erst dadurch, dass auch die neuen Blutzellen sofort wieder kontaminiert werden, wenn wir nicht aus der belasteten Luft herauskommen.

Für den Organismus stellt es sich so dar, als ob in der Umgebung zu wenig Sauerstoff vorhanden wäre, wie beispielsweise bei einem Aufenthalt in größeren Berghöhen. In diesem Fall wird ein Hormon, das so genannte Erythropoetin, das zu 90 Prozent in der Niere und zu 10 Prozent in der Leber vorhanden ist, aktiviert. Dieses Hormon regt im Knochenmark die vermehrte Produktion von Blutzellen an, damit mehr Transporttaxis für die kostbare Sauerstofffracht zur Verfügung stehen. Diese Bildung dauert fünf Tage, wird jedoch so lange fortgesetzt, bis genügend rote Blutkörperchen für die physiologische Sauerstoffversorgung bereitstehen. Mit diesem effektiven Mechanismus konnte im Verlauf der Evolution ein Sauerstoffmangel in großen Höhen wirksam abgefangen werden.

In der mit Schadstoffen verpesteten Stadt- und Industrieluft ist dies jedoch eine Spirale ohne Ende. Die neu gebildeten Transporter werden umgehend von Kohlenmonoxid geentert und fallen wiederum für den Sauerstofftransport aus. Der Sauerstoffmangel im Blut hält an und bewirkt immer wieder Zellneubildungen. Dadurch wird schließlich das Blut viel zu dick, kann nicht mehr so gut fließen und verstopft die Kapillaren. Folglich entsteht ein erneuter Energiemangel.

Ein zusätzliches Problem: eiweißreiche Ernährung

Zusätzlich verschärft wird diese Situation dadurch, dass die Nahrung in der westlichen Welt in der Regel sehr eiweißreich ist. Eiweißlieferanten wie Milchprodukte (Quark, Käse, Joghurt) sowie Fleisch bewirken aber auch eine starke Neubildung von Blutzellen. Das führt zu einer Verdickung des Blutes, es fließt nicht mehr so gut durch die Gefäße und versorgt den Körper nur noch unzureichend mit dem lebenswichtigen Gas. In den USA ist das Phänomen bereits als »Steak-Krankheit« bekannt.

Energiemangel durch Stress

Ein weiterer Faktor, der den Körper in den Energiemangel steuert, stellt länger anhaltender Stress dar. Auf aufkommende Gefahr oder Furcht kann der Mensch prinzipiell mit zwei entgegengesetzten Mechanismen reagieren: Schätzt er seine Lage so ein, dass er sich durch Flucht oder Kampf aus der Affäre ziehen kann, dann wird der Teil des vegetativen Nervensystems aktiviert, der letztlich die Muskulatur anspornt. Das sympathische Nervensystem (aktivierender Teil des Nervensystems) übernimmt die Oberhand. Beurteilt der Betroffene seine Situation jedoch als aussichtslos, unüberwindlich oder hoffnungslos, dann tritt das parasympathische Nervensystem (dämpfender Teil des Nervensystems) in Aktion, das im Extremfall die gesamte Spannung aus allen Muskeln wegnimmt und deshalb den Menschen buchstäblich flach legt – eine Art Totstellreflex.

Beide Mechanismen münden, sofern sie länger anhalten, in einem pathologischen Energiedefizit. Ein aktivierter Sympathikustonus bewirkt in den Blutgefäßwänden die Ausschüttung von Noradrenalin aus den Nervenfasern. Noradrenalin öffnet oder verengt Blutgefäße, je nachdem, an welchen Rezeptortyp es sich bindet. Kreisen kleine Mengen an dem Stresshormon Noradrenalin im Blut, so kommt es zu einer Öffnung der Gefäße durch Entspannung der Gefäßmuskulatur. Im Stresszustand werden dagegen größere Mengen dieses Botenstoffs ausgeschüttet, auf welche eine andere Gruppe von Rezeptoren anspricht. Diese rufen eine Verengung der Blutgefäße hervor.

Kapillaren, die für die Gewebeversorgung verantwortlich sind, besitzen jedoch keine Muskulatur. Ihre Blutfüllung wird allein durch davor liegende Schleusen und durch die Größe der kleineren Gefäße geregelt. Über diese Mechanismen wird auch ihr Öffnen und Schließen durch den Pegel an Stresshormonen bestimmt. In einer Stresssituation soll nun der Muskulatur für die Flucht oder den Kampf sinnvollerweise reichlich Blut zum Zweck der Energiebildung zugeführt werden. Andererseits verengt aber stärkerer Stress die Gefäße, wodurch weniger Blut in die Muskulatur gelangt.

Und genau dieser Punkt wird bei der heutigen Lebensweise

zum Verhängnis. Stress macht alle Gefäße enger, außer jene, die sich in Organen befinden, die nun Höchstleistung erbringen. Bei Flucht oder Kampf arbeitet die Muskulatur auf Hochtouren. Wenn Zellen arbeiten, erzeugen sie auch viele Abfallprodukte, die nun die Zellen verlassen und gegen die Noradrenalin-Information eine Öffnung der Gefäße bewirken. Sie überstimmen sozusagen die Stressmoleküle. Dieser Mechanismus macht Sinn, denn überall, wo nicht gearbeitet wird, bleiben die Gefäße eng gestellt, was nichts anderes bedeutet, als dass alle wichtigen Substanzen mit der Blutströmung umgeleitet werden, nämlich dorthin, wo Platz für das Blut ist, wo die Gefäße weit sind und wo diese Substanzen dringend benötigt werden. Die Entsorgung des Abfalls ist mit dieser Umleitungsmethode ebenfalls gesichert. Folglich ist der Muskel optimal versorgt, und die Chance, sich dem Feind zu entziehen oder ihn zu bekämpfen, ist groß.

Dieser Stressmechanismus hat sich im Lauf der Evolution erhalten. Auch heute werden wir von den gleichen Gefühlen übermannt wie früher, sind Bedrohungen ausgesetzt und haben Angst. Und auch heute laufen in unseren Zellen exakt die gleichen Vorgänge ab. Nur: Die »Bedrohung« trifft uns, wenn wir fast unbeweglich im Auto sitzen (und wegen eines Staus unter großen Zeitdruck geraten) oder am Schreibtisch arbeiten (und über einer scheinbar unlösbaren Aufgabe brüten), wenn wir uns im Fernsehsessel lümmeln (und uns eine Mordszene das Blut in den Adern gefrieren lässt) oder im Kaufhaus an der Kasse stehen (und uns über die ellenlange Schlange ärgern). Wir können uns also nicht mehr einfach durch Muskelarbeit dem Stressereignis entziehen. Fehlende Arbeit heißt aber: Die Gefäße bleiben eng gestellt. Das wiederum bedeutet nicht nur Mangelversorgung und Energiedefizit in den Geweben, sondern auch fehlende Kreislaufunterstützung durch den Ausfall der Muskelpumpe und eine erhöhte Arbeitsleistung des Herzens, um die Blutsäule durch die engen Gefäße zu pressen. Es entsteht der gefürchtete Bluthochdruck. Eine zusätzliche Gefahr ergibt sich dadurch, dass die Ausschüttung von Fettsäuren (Energieträger) zwar stimuliert wird, doch infolge Bewegungsmangels keine Verbrennung mehr stattfindet. Fettsäuren in so großen Mengen im Blut stellen ein Gift dar, das unter anderem das Herzinfarktrisiko erhöht. Die zweite Art der Stressreaktion, die Wirkung über das parasympathische Nervensystem, führt dazu, dass das Blut im unteren Teil des Körpers versackt. Ohne Gefäßtonus bei fehlender Sympathikusaktivierung wird durch die Schwerkraft mehr Blutvolumen in die unteren Gefäße abgezogen, als der Körper verkraften kann. Der Energiemangel macht sich zuerst und sehr augenfällig im Gehirn bemerkbar, es kann zur Ohnmacht kommen.

Wenn gar nichts mehr geht

Alle diese Faktoren bedingen letztlich einen regelrechten Zusammenbruch der Energieversorgung der Zellen und damit der jeweiligen Organe. Es ist ähnlich wie bei einem Verkehrschaos: Nach größter Hektik kommt es plötzlich zum Stillstand, allerdings auf hohem Stressniveau. Nichts geht mehr, keiner erreicht mehr sein Ziel. Genau das passiert im Körper bei dem landläufig als Nervenzusammenbruch bezeichneten Zustand.

Dabei arbeiten lebenswichtige Organe, insbesondere das Herz, nicht mehr richtig und schaffen es nicht mehr, den Körper kontinuierlich und gleichmäßig aktiv zu halten.

Solch ein Kollaps ist ein bisschen wie das Durchbrennen der Sicherungen im elektrischen Schaltkreis. Das aber verhindert in nervlichen Bereichen tief gehende Schäden. Insofern ist ein solcher Zustand die Therapie selbst. Der Körper wird zur Ruhe gezwungen, und diese sollte man sich auch ausreichend gönnen. So kann sich schließlich, unterstützt durch ausgewogene Ernährung, viel Schlaf, dosierte Bewegung und gegebenenfalls ein leichtes Beruhigungsmittel das Energiedepot in jeder Zelle wieder auffüllen und der Körper zu Kräften kommen.

Bio-Tipp: So verhindern Sie Energiemangel in der Zelle

➾Sauerstoff ist der Champagner des Lebens. Sie können davon gar nicht genug bekommen. Pumpen Sie durch Bewegung möglichst viel von diesem kostbaren Gas in Ihre Lungen. Gehen Sie hinaus in die Natur, dort ist die Luft besser als in der Stadt. Suchen Sie die Nähe von Bäumen und Pflanzen. Ideal ist es natürlich, wenn Sie sich in Reinluftgebieten wie dem Gebirge oder am Meer aufhalten können. Planen Sie auch Ihre Urlaube entsprechend.

➾Rauchen Sie nicht und meiden Sie verräucherte Luft. Wählen Sie in Restaurants, Hotels, Zügen usw. den Nichtraucherbereich.

➾Essen Sie nicht zu viel Eiweiß. Lassen Sie vor allem die Finger von eiweißhaltigen Reduktionsdiäten, zum Beispiel Eierdiät, Steakdiät und Ähnlichem.

➾Verbannen Sie Nitrat aus Ihrer Ernährung. Meiden Sie überdüngtes Gemüse und gepökelte Fleisch- und Wurstwaren. Bevorzugen Sie Lebensmittel aus ökologischem Anbau. Informieren Sie sich beim zuständigen Stadtwerk über den Nitratgehalt in Ihrem Trinkwasser und verwenden Sie gegebenenfalls Mineralwasser für Tee und Kaffee.

➜Achten Sie auf schadstoffarme Kost und meiden Sie – soweit möglich – Umweltschadstoffe aller Art.

Die biologische Reparaturwerkstatt

Jeder weiß, dass eine kleinere Verletzung oder Wunde »von selbst« heilt und dass man sich auch nach großen Erschöpfungen wieder erholen kann. Der Körper ist also durchaus regenerationsfähig und kann Schäden ausbessern. Unser Organismus verfügt sogar über ein unglaubliches Reparaturpotenzial – denken Sie nur an Unfall- oder Kriegsopfer. Dennoch sollten Sie Ihrem Körper nicht zu viel zumuten und ihm vor allem Gelegenheit geben, sich immer wieder zu regenerieren. Wenn Ihre inneren Schutztruppen ständig am Limit arbeiten, haben Sie kaum eine Reserve für Notfälle. Außerdem können sich Reparaturkapazitäten erschöpfen. Hier hilft Ihnen die biologische Faulheit weiter. Gönnen Sie Ihrer persönlichen Reparaturwerkstatt faule Stunden, und Sie bleiben fit. In einer leistungsfähigen Werkstatt liegt noch ein ganz besonderes Geheimnis: der Schlüssel zu Jugend und Schönheit.

Ihre Lebensweise entscheidet darüber, wie Sie morgen aussehen und sich fühlen. Was Sie heute in Ihren Lebenswandel investieren, können Sie in den nächsten Jahren ernten.

Störfaktor Sauerstoffstress

Einer der wichtigsten Lebensvorgänge überhaupt, das Atmen, strapaziert die Reparaturmechanismen des Körpers ganz enorm und erzeugt Stress, den so genannten Sauerstoffstress oder oxidativen Stress. Mit jedem Atemzug nehmen wir Sauerstoff in unsere Lungen auf. Dieses Gas wandert in die Mitochondrien, kleine Kraftwerke, die in den Muskelzellen sitzen. Dort wird aus etwa 95 Prozent des zugeführten Sauerstoffs Energie, zum Beispiel für Bewegung, für den Aufbau neuer Zellen usw., gewonnen. Aus dem Rest bilden sich hochreaktive Zwischenprodukte, die eine Menge Unheil anrichten können. Viele Forscher halten den Sauerstoff für den Hauptübeltäter der körperlichen Verschleißvorgänge. Einerseits hängt unser Leben am Sauerstoff, ohne Sauerstoff würden wir in wenigen Minuten sterben. Andererseits ist dieses Lebenselixier ein recht aggressives Gas. Denn Sauerstoff erzeugt im Körper chemisch reaktive Verbindungen, so genannte freie Radikale, die sämtliche Bestandteile einer Zelle schädigen können.

Diese Teilchen können chemisch unterschiedlich gebaut sein, eines haben sie jedoch gemeinsam: Sie richten eine Schneise der Zerstörung an. Getroffen werden kann praktisch alles im Körper: Eiweißstoffe, Fette, Zelloberflächen, Blutgefäße, ja sogar die Erbsubstanz. Jeder Treffer erzeugt wieder hochtoxische Teilchen. Einmal gestartet, läuft diese verhängnisvolle Kettenreaktion so lange ab, bis sie durch ein Gegenmittel, ein so genanntes Antioxidans, zum Abbruch gebracht wird. Je Körperzelle werden pro Tag ungefähr 150 000 attackierte Verbindungen angenommen. Zunächst kommt es zu Funktionsausfällen im Zusammenspiel der biologischen Moleküle, später können sich dann dramatische Folgen ergeben. Die unerwünschten Veränderungen an den Bausteinen des Körpers können beispielsweise zu Allergien führen. Ferner häufen sich solche kaputten Stoffe mit fortschreitendem Lebensalter als »Müll« in den verschiedensten Organen an und rauben Energie.

Sauerstoffstress kann folglich Krankheiten begünstigen. Dazu gehören Arteriosklerose, koronare Herzkrankheiten, chronische Entzündungen, Nervenerkrankungen, zum Beispiel Parkinson- und Alzheimer-Krankheit, Multiple Sklerose, grauer Star, Krebs, Autoimmunerkrankungen und Zahnfleischentzündungen. Durch freie Radikale ausgelöste Langzeitschäden verursachen auch Alterungsprozesse.

Nun stellen freie Radikale keine »Erfindung« der Evolution dar, um den Körper zu zerstören. In der Zelle sind sie für den normalen Lebensablauf sogar notwendig. So produzieren manche Zellen des Immunsystems gezielt solche aggressiven Teilchen, um Bakterien und virusbefallene Zellen zu vernichten. Diese »Dusche mit Radikalen« ist ein wichtiges Element der Abwehrreaktion.

Besonders tückisch ist andererseits ein Angriff des aggressiven Sauerstoffs auf die Erbsubstanz (DNA). Eine solche Attacke bringt das Stoffwechselgeschehen durcheinander und kann sogar lebenslange Folgen haben. Bei einem gesunden und vor allem bei einem jungen Organismus werden jedoch DNA-Schäden effizient durch entsprechende Reparaturenzyme beseitigt, und die defekten Produkte werden durch die Niere über den Harn ausgeschieden. Manchmal bleiben allerdings Schäden zurück, und diese reichern sich mit fortschreitendem Alter an. Ihr Körper ist dann nicht mehr so leistungsfähig, Sie verlieren an Vitalität.

Schutz gegen Sauerstoffstress

Schädlich ist also nur die unkontrollierte Entstehung der reaktiven Sauerstoffverbindungen oder gar ein Zuviel davon. Doch der Organismus schützt sich auf vielfältigste Weise vor Sauerstoffstress und hat im Lauf der Evolution eine ganze Reihe von Mechanismen entwickelt, um alle Arten von aggressivem Sauerstoff und diese in allen Bereichen des Körpers effektiv zu bekämpfen.

So existieren zahlreiche Reparaturenzyme, die die angriffslustigen Teilchen entgiften und wieder unschädlich machen. Andererseits gibt es Verbindungen, die dem Körper zugeführt werden müssen und die antioxidativ wirken. Die wichtigsten Antioxidanzien sind: Vitamin E (Alpha-, Gamma-Tocopherol), Vitamin C, Vitamin A, Karotinoide, Lykopen, Lutein Ubichinon/Q 10, Selen, Zink (siehe auch Seite 59f.).

Faulheit für die Reparaturenzyme

Schonen Sie Ihre Reparaturenzyme, indem Sie ihnen nicht zu viel Arbeit machen. Erlauben Sie Ihrer Reparaturtruppe ruhig auch einmal faul zu sein, indem Sie sie nicht ständig auf Trab halten.

- Durch die Atmung allein fallen pro Tag etwa 1012 aggressive Teilchen an. Steigern Sie diese Zahl nicht noch durch eine hektische und nervöse Lebensweise, bei der Sie automatisch mehr und schneller atmen. Sorgen Sie vielmehr für einen ruhigen Atem; Sie werden spüren, wie Sie dadurch im Alltag zusätzliche Kraft gewinnen. Wer den längeren Atem hat, dem fällt es auch leichter, sich gegen Stress und Hektik zur Wehr zu setzen. Sie können das ganz einfach testen: Wenn Sie bewusst und tief atmen, wird Ihre Stimme voller, und es ist Ihren Mitmenschen kaum möglich, Sie im Gespräch zu unterbrechen. Achten Sie einmal darauf!
- Zahlreiche Umweltfaktoren können die antioxidativen Schutzsysteme beeinträchtigen oder die Entstehung von aggressivem Sauerstoff begünstigen. Hierzu zählen chronischer Stress, UV-Strahlung, andere Formen von Strahlung (z.B. Röntgenstrahlung), Ozon, Chemikalien in der Umwelt oder der Nahrung, Schwermetalle, Zigarettenrauch oder übertriebene körperliche Belastung (Übertraining). Seien Sie hier wachsam!
- Achten Sie auf ausreichende Zufuhr von Antioxidanzien. Nehmen Sie diese in sinnvollen Kombinationen ein. Zu den Antioxidanzien gehören die Vitamine A, C und E, Beta-Karotin, das Spurenelement Selen, außerdem zahlreiche farbige Pflan-

zeninhaltsstoffe. Buntes Obst und Gemüse sind eine hervorragende und natürliche Quelle für Antioxidanzien. Lassen Sie sich von Ihrem Arzt beraten.

- Jede Energieaufnahme in Form von Nahrung ist mit der Bildung freier Radikale, also mit oxidativem Stress verbunden. Kalorienreduktion und richtige Ernährung sind daher höchst wertvolle Schutzmaßnahmen für Ihre Reparaturtruppen.
- Auch durch die Aktivität des Immunsystems entstehen aggressive Teilchen: Hier stellen sie die Waffe gegen eingedrungene Bakterien, Pilze oder Parasiten dar und erfüllen so eine lebenswichtige Schutzfunktion. Im Übermaß fallen solche Aggressoren im Immunsystem aber bei chronischen Entzündungen, Autoimmunerkrankungen oder im Umfeld von Tumoren an. Heilen Sie deshalb Erkrankungen immer gut aus und lassen Sie sich von Ihrem Arzt über eine mögliche Nahrungsergänzung beraten.
- Verschiedene Entgiftungssysteme in der Zelle, vor allem in der Leber, erzeugen ebenfalls Sauerstoffstress: Aggressive Teilchen fallen an, wenn in den Körper gelangte Chemikalien, Umweltgifte, Medikamente usw. abzubauen sind. Minimieren Sie deshalb Umweltschadstoffe und rauchen Sie nicht.
- Oxidative Schäden lassen sich verhindern, wenn Ihre körpereigenen antioxidativen Zellschutzsysteme voll funktionsfähig sind. Achten Sie aus diesem Grund darauf, den antioxidativen Status Ihres Körpers im optimalen Bereich zu halten. Sie erreichen dies durch eine ausgewogene, abwechslungsreiche und schadstoffarme Ernährung, vernünftige körperliche Aktivität und den Ausgleich von Mangelzuständen bei Hormonen, Vitaminen, Spurenelementen, Mineralstoffen und Mikronährstoffen.

- Erhöhen Sie Ihre körperliche Fitness. Sie werden dadurch resistenter gegen Umweltschadstoffe, erhalten Ihre Gefäße jung und stärken Ihr Immunsystem.

Gene regieren das Leben

Gene bilden den Bauplan unseres Lebens. Sie sind für unsere Gesundheit und auch unsere Stressbeständigkeit im Alltag unglaublich wichtig. Experten sind heute der Ansicht, dass gewisse in unserer Erbsubstanz verankerte Varianten und Spielarten der Gene die Reaktion auf Umweltfaktoren, also auf Stress, Schlafmangel, ungesunde Kost oder Rauchen, entscheidend beeinflussen. Auch die Wahrscheinlichkeit, mit der familiäre und nichtfamiliäre Erkrankungen und Risiken (z.B. Herzinfarkt, Schlaganfall, Morbus Alzheimer, bestimmte Tumoren wie Dickdarmkrebs, Schilddrüsenkrebs, Prostatakrebs, Brustkrebs u.a.) auftreten, wird durch die Gene bestimmt. Selbst die Entgiftungskapazitäten des Körpers und seine Reparaturfreudigkeit nach eingetretenen DNA-Schäden ist genetisch determiniert.

Unsere Gene bergen eine unglaubliche Fülle von Informationen. Ob diese »benutzt« werden oder nicht, hängt von verschiedenen Faktoren ab und ist nicht immer exakt vorhersehbar. Wenn Gene zum Leben erwachen, wird von ihnen ein Eiweißmolekül wie zum Beispiel ein Enzym oder Botenstoff »abgelesen« und ins Blut geschickt. Diese Substanz bewirkt eine Stoffwechselreaktion, baut beispielsweise Fett oder Kohlenhydrate ab oder repariert Gewebeschäden.

Und hier entscheidet sich, ob ein Mensch eher dick wird oder reichlich essen kann und schlank bleibt, ob er anfällig ist für Fettstoffwechselstörungen, Krebs oder Diabetes. Dabei gilt die Faustregel: Bei günstiger Gen-Ausstattung kann selbst eine unsolide Lebensführung relativ wenig Schaden anrichten, während eine ungünstige genetische Mitgift moderate »Entgleisungen« nicht ohne langfristigen Schaden kompensiert.

Die Gene: kein unentrinnbares Schicksal

Jeder Mensch lebt im Käfig seiner eigenen Gene, die er von den Eltern geerbt hat. Dieser Käfig ist jedoch sehr groß. Die persönliche Lebensweise nimmt grundlegenden Einfluss auf unser Wohlbefinden und entscheidet, ob wir am Rand des Käfigs leben oder in der goldenen Mitte. Gene sind folglich keinesfalls ein persönliches und unentrinnbares Schicksal. Genetischen Risiken lässt sich gezielt begegnen, so dass letztlich die Lebensführung entscheidet, ob Hypotheken in Ihren Genen Schaden anrichten oder nicht.

Leider ist es bis heute noch kaum möglich, durch einen einfachen Test die generelle Veranlagung für gute oder schlechte Gene zu bestimmen. Vielleicht ist das auch besser so, denn allzu groß wäre die Verlockung, durch einen simplen Gen-Check fort-

Info

Jeder Mensch ist biologisch ein Individuum und lebt nach den persönlichen biologischen Gesetzen. Vergleichen Sie sich deshalb nie mit anderen Menschen, die zum Beispiel keinen Sport treiben und trotzdem gesund bleiben, oder die rauchen wie ein Schlot und scheinbar keinen Schaden davontragen.

an den Lebenswandel auf »unbekümmert« oder »solide« einzurichten. Doch sehen Sie sich einmal Ihre Eltern und Großeltern an: Sind diese noch gut in Form und haben jugendlichen Elan, dann ist die Wahrscheinlichkeit hoch, dass auch in Ihnen »goldene Gene« schlummern.

Bio-Tipp: So halten Sie Ihre Gene fit

➔Vermeiden Sie möglichst konsequent Umwelteinflüsse, die bekanntermaßen schädigend auf die Erbsubstanz einwirken. Hierzu zählen Umweltschadstoffe wie Nikotin, Alkohol und Drogen, aber auch übermäßige Sonneneinstrahlung, Smog, Elektrosmog, radioaktive Strahlung und elektromagnetische Einflüsse (Handy!).

➔Lassen Sie sich regelmäßig von einem Arzt auf Mangelzustände Ihres Körpers hinsichtlich Hormonen, Vitaminen, Spurenelementen, Mineralstoffen und Mikronährstoffen untersuchen und gleichen Sie eventuelle Defizite aus. Ihre Reparaturbrigaden benötigen diese Stoffe, um optimal zu arbeiten.

Das Geheimnis vom richtigen Umgang mit der Lebensenergie

Nichtstun und Schlafen – die Energiesparprogramme der Tierwelt

Bereits im 18. Jahrhundert haben Forscher festgestellt, dass hektische Tiere nicht so lange leben wie träge Tiere. Im Jahre 1908 veröffentlichte der deutsche Physiologe Max Rubner ein Buch mit dem Titel »Das Problem der Lebensdauer und seine Beziehung zu Wachstum und Ernährung«. Darin kam er zu dem Schluss, dass »alle Tiere in das Stadium der Vollendung des Wachstums treten, nachdem sie bis dahin pro Kilo dieselbe Energiemenge verbraucht haben«. Energie also als Messlatte der Lebensvorgänge!

Weitere Forschungen zu dieser Stoffwechseltheorie erbrachten Hinweise, dass das Leben nicht in den geläufigen Einheiten von Stunden und Tagen abläuft, sondern dass die Energie der Taktgeber eines Organismus ist. Wie man mit dieser Energie möglichst optimal umgeht, das machen uns die Tiere vor.

Was für das Leben in seiner Gesamtheit gilt, hat sich auch für die einzelnen Lebensabschnitte bestätigt: Wenn eine bestimmte Energiemenge verbraucht ist, beginnt das nächste Stadium. Über den Energieverbrauch informiert sich der Organismus, wann eine neue Entwicklungsstufe einzuleiten ist. Die folgenden Beispiele aus der Tierwelt erläutern diese Strategien eindrucksvoll.

Fische

Karpfen leben träge und energiebewusst, ihre Energie reicht für 70 bis 100 Lebensjahre. Der Stör, der lange Zeiten bewegungslos im Wasser verharren kann, soll sogar bis zu 150 Jahre alt werden. Dornhaie aus warmen Regionen (hohes Stoffwechseltempo) werden etwa 30 Jahre alt. Die gleiche Gattung aus kalten Meeresgebieten (niedrige Stoffwechselrate) besitzt dagegen eine Lebenserwartung von bis zu 70 Jahren.

Auch »Sport« kostet Lebensenergie. Innerhalb von Tiergruppen leben solche Arten, die kaum oder lediglich wenig aktiv sind, wesentlich länger als solche, die eine hohe Aktivität zeigen. Ein frei schwimmender und damit aktiver Tintenfisch, wie zum Beispiel ein Loligo, lebt nur etwa sechs bis acht Jahre. Die wie die Tintenfische ebenfalls zu den Weichtieren gehörende, gleich große, aber fest sitzende und daher praktisch inaktive Teichmuschel bringt es dagegen auf 20 bis 30 Jahre.

Amphibien

Jene kriechenden, teils im Wasser, teils am Land lebenden Wirbeltiere, wie zum Beispiel Lurche, Frösche, Salamander, werden im Vergleich zu warmblütigen Tieren (Vögel, Säugetiere) recht alt. Wie die Fische sind sie typische Kaltblüter, die ihre Körpertemperatur der Umgebungstemperatur mehr oder weniger stark anpassen können. Da die Umgebungstemperatur meist deutlich unter der Körpertemperatur von Warmblütern liegt (36 bis 44 °C), ist auch ihr Stoffwechsel sehr viel niedriger. Er beträgt bei Kaltblütern im Mittel etwa ein Zehntel des Wertes von Warmblütern. Ganz grob gerechnet ist umgekehrt ihre Lebensspanne um gerade diesen Faktor, also zehnfach, erhöht.

Je langsamer ein Lebewesen lebt, desto weniger Lebensenergie verbraucht es am Tag. Und desto höher ist das Alter, das es erreicht.

Über das Alter von Amphibien ist relativ wenig bekannt. Gesichert ist jedoch eine Abhängigkeit zwischen Umgebungstemperatur und Lebensalter. So leben tropische Arten (die hohe Umgebungstemperatur bedingt einen hohen Energieumsatz im Körper) kürzer als die Vertreter in kalten oder gemäßigten Regionen (niedrige Umgebungstemperatur bedingt einen niedrigen Energieumsatz). In Höhlen lebende Arten (hier herrschen ebenfalls niedrige Umgebungstemperaturen sowie eine sehr beschränkte Nahrungsversorgung vor) weisen die höchste Lebenserwartung auf, beispielsweise der Grottenolm mit 40 bis 60 Jahren.

Reptilien

Kriechende Landwirbeltiere, wie beispielsweise Schildkröten, Schlangen und Echsen, sind Meister des Energiesparens. In ihrer Mehrzahl noch echte Kaltblüter, besitzen sie einen im Vergleich zu Säugern und Vögeln sehr niedrigen Stoffwechsel. Sie erreichen ein geradezu traumhaftes Alter. Zwar sind Berichte über

Schildkröten, die angeblich bis zu 300 Jahre alt wurden, wohl wenig glaubhaft, sicher erwiesen sind aber mindestens 180 Lebensjahre als Maximalspanne bei Seychellen-Riesenschildkröten. Von Galapagos-Riesenschildkröten sind Altersspannen bis zu 250 Jahren dokumentiert.

Die Lebensdauer der Reptilien hängt wie bei anderen Tiergruppen stark von ihrer Aktivität ab. Kleine und aktive Arten leben wesentlich kürzer als große und träge. Charakteristischerweise ist das älteste Reptil gleichzeitig auch das größte und trägste. Allerdings können ziemlich kleine Schildkröten ebenfalls sehr alt werden. Die griechische Landschildkröte wird über 100 Jahre, die europäische Sumpfschildkröte mindestens 70 und die Geierschildkröte 58 Jahre alt.

Säugetiere

Auch bei den Säugetieren bestätigt sich die bei anderen Tierarten gefundene Beziehung: Winzlinge sterben früher, während die großen Tiere lange leben. Je größer ein Tier ist, desto höher ist sein mögliches Alter.

Kleine Tiere können jedoch ihren Nachteil in puncto Lebensdauer manchmal dadurch wieder wettmachen, indem sie einige recht originelle »Energiesparprogramme« ablaufen lassen und damit ihre Stoffwechselaktivität drosseln – beispielsweise durch einen Winterschlaf oder einen Lethargiezustand (Energie sparender Starrezustand). Denn nicht die absolute Größe eines Organismus wirkt lebensverlängernd, sondern das damit verbundene verringerte Stoffwechseltempo: die »Trägheit«.

Am kürzesten leben mit etwa zwei Jahren die kleinen Spitzmäuse und andere Kleinsäuger. Über 100 Jahre alt wird kaum ein Tier bei den Säugern. Selbst sehr große Tiere wie der Elefant oder der Blauwal erreichen kaum diese Grenze. Zudem gibt es auch innerhalb eng verwandter Gruppen oft erstaunliche Unterschiede, die noch nicht in allen Fällen geklärt werden konnten. So wird der Feldhamster mit drei bis vier Jahren etwa doppelt so alt wie sein Vetter, der Goldhamster.

Viel schlafen und eine Auszeit nehmen

Auch die Art, wie die Tiere ihr Leben gestalten, nimmt deutlich Einfluss auf den Energieverbrauch und die Lebensdauer. Überlegen Sie, was Sie hiervon für Ihr eigenes Leben übernehmen können.

Bekanntlich schlafen Katzen als Lauerjäger gern und vor allem lang. Sie leben bis zu 25 Jahre und damit wesentlich länger als der hochaktive Hetzjäger Hund. Dieser erreicht ein Höchstalter von 15 bis 18 Jahren. Besonders kurzlebig sind solche Hunderassen, deren Heimat in sehr kalten Regionen liegt und die einen sehr hohen Stoffwechsel als Anpassung aufweisen. Typische Beispiele sind Verwandte des Schlittenhunds, die nicht über 10 bis 15 Jahre alt werden. Säugetiere, die sich einen Winterschlaf gönnen, werden älter als energieintensiv lebende Arten. Winterschlafende Fledermäuse erreichen so ein für kleine Säuger geradezu rekordverdächtiges Alter von 20 bis 30 Jahren, während gleich große nichtwinterschlaffähige »richtige« Mäuse nur etwa zwei bis drei Jahre leben.

Lieber mit Gemütlichkeit

Gut erforscht sind die Verhältnisse bei Bienen. Im Sommer leben normale Arbeiterinnen etwa sechs Wochen, solche, die den Winter überleben müssen (Winterbienen), aber bis zu neun Monaten. Hier zeigt sich, wie die Lebensdauer von klonierten Tieren, die alle den gleichen Erbsatz haben, je nach Anforderung offenbar unproblematisch verlängert werden kann, sofern es für die Art als überlebensnotwendig erachtet wird. Ganz offensichtlich werden in der gleichen Erbsubstanz unterschiedliche Programme aktiviert und dadurch die Lebenslänge den Erfordernissen aktiv angepasst.

Die Königin, die genetisch ihren Arbeiterinnen entspricht, wird allein dadurch aus der Masse ihrer Schwestern herausgehoben, indem sie ein spezielles Futter, das Gelee Royale, erhält. Dieses Futter macht sie nicht nur zur Königin, sondern sorgt auch dafür, dass sie ein extrem hohes Lebensalter von bis zu 30 Jahren erreichen kann. Und wie jedermann weiß: Im Gegensatz zu den fleißigen Arbeitsbienen verbringt die Königin ein eher gemütliches Dasein im Bienenstock.

Der Falter mit der höchsten Lebenserwartung in unseren Breiten ist der Zitronenfalter. Er hält als einziger Schmetterling einen mehrere Wochen dauernden Sommerschlaf.

Forscher am Bieneninstitut in Celle haben festgestellt: Arbeiterbienen leben im Durchschnitt »800 Kilometer«; das heißt »800 Kilometer Alter«! Das ist die Strecke Hamburg – Wien.

Diese Flugstrecke entspricht natürlich wieder einer bestimmten Energiemenge. Bienen, die sehr fleißig sind, also viel hinausfliegen und Honig und Pollen sammeln, erreichen ihre Flugleistung früher und sterben in der Folge auch früher. Faule Bienen, die weniger herumfliegen, sind weniger schnell bei 800 Kilometern angelangt und leben daher auch länger. Es ist ein bisschen wie bei einem Auto, das schneller verschleißt, wenn man häufig damit fährt.

Wer ruhig lebt, bleibt länger jung

Auch beim Menschen gibt es Beispiele dafür, dass der Energieverbrauch das Leben bestimmt. So werden Nonnen und Mönche, die ohne Stress und ohne große körperliche Aktivität in der Abgeschiedenheit eines Klosters ein beschauliches Dasein führen, meist sehr alt. Auch deren Aussehen profitiert davon. Ein großer Kosmetikkonzern führte vor einigen Jahren eine Untersuchung durch, um herauszufinden, in welcher Berufsgruppe die Frauen die schönste Haut hatten. Das Resultat: Es waren die Klosterschwestern. Für die Firma war das Ergebnis jedoch nicht verwertbar, da die Nonnen überhaupt keine Kosmetik benutzten. Ganz offensichtlich hat der ruhige Lebensstil der Haut der Nonnen sehr gut getan.

Ein Vergleich verschiedener Berufsgruppen untereinander zeigt: Menschen, die körperlich hart arbeiten müssen, sehen schneller verbraucht aus als jene, die eine den Körper weniger fordernde Tätigkeit ausüben. Allerdings dürften sich innerhalb der einzelnen Berufsgruppen Unterschiede in der »energetischen Anforderung« ergeben. So kann durchaus auch ein Schreibtischjob durch den damit verbundenen Stress in der Energiebilanz mit einem großen Minus zu Buche schlagen. Stresshormone heizen das innere Feuer kräftig an.

Der X-Faktor: das Altersplus der Frauen

Frauen werden deutlich älter als Männer. Die Differenz beträgt rund zehn Prozent und gilt für praktisch alle Kulturkreise. Sind Frauen nun die besseren Energiesparer? Leben Sie fauler? Nicht unbedingt, denkt man doch an die häufige Doppelbelastung durch Beruf und Familie. Das biologische Geheimnis liegt in der Weiblichkeit selbst, die durch das X-Chromosom vererbt wird: Der weibliche Organismus arbeitet ökonomischer. Frauen besitzen weniger Muskelprotein, Kraft und Schnelligkeit als ein Mann. 43 Prozent des Körpergewichts beim Mann gehen auf das Konto von Muskeln, bei der Frau nur 36 Prozent. Das Lungenvolumen ist beim Mann um 30 Prozent größer als bei der Frau. Der Mann hat mehr Blut und eine größere Sauerstofftransportkapazität. All das ist auf Hochleistung angelegt. Verantwortlich für diese Unterschiede ist das Hormon Testosteron, das den Männern ordentlich einheizt und von dem Frauen gerade mal ein Zehntel der männlichen Konzentration vorweisen können.

Dank des Hormons Östrogen arbeitet der weibliche Organismus in Notsituationen wirtschaftlicher als der des Mannes. Östrogen fördert die Regeneration von zerstörten Gefäßen, leitet Erholungsprozesse schneller ein, steigert die Gewebsdurchblutung und drosselt die Ausschüttung der Stresshormone Adrenalin und Kortisol. Durch die Östrogeneffekte entsprechen die Blutgefäße einer 50-jährigen Frau denen eines 35-jährigen Mannes.

Betrachtet man den Stoffwechsel beider Geschlechter, so stellt man fest, dass Männer einen um zehn Prozent schnelleren Stoffwechsel haben als Frauen. Das heißt, sie leben energetisch gesehen intensiver, dafür aber nicht so lange. In der Summe ist die Energiemenge bei beiden Geschlechtern wieder gleich groß. Das bedeutet: Frauen und Männer werden, in der korrekten Lebenseinheit »Energie« gemessen, gleich alt; auf dem Kalender ergibt sich allerdings ein Unterschied.

Lebt eine Frau gegen ihre biologische Natur, bekommt sie dies vor allem durch beschleunigte Alterungsvorgänge drastisch zu spüren. Sie altert dann wesentlich rascher als ein Mann.

Bio-Tipp für Frauen: So erhalten Sie sich den X-Faktor

➔Tun Sie alles, um Ihren Östrogenspiegel möglichst lange auf hohem Niveau zu halten.

➔Lassen Sie Hormondefizite durch einen kompetenten Arzt substituieren.

➔Trinken Sie nicht zu viel Alkohol; Ihre Leber verträgt weniger als die eines Mannes.

➔Rauchen Sie nicht.

➔Treiben Sie regelmäßig Sport.

➔Gönnen Sie sich etwa sieben Stunden Schlaf.

Die Zelle zählt

Ein schneller Stoffwechsel gehört bei manchen Organismen zur genetisch programmierten Grundausstattung, kann aber manchmal auch selbst verschuldet sein (insbesondere beim Menschen!). Der Stoffwechsel, also der biochemische Prozess in jeder lebenden Zelle, ist neben der Fortpflanzung und der Reaktionsfähigkeit auf Umweltreize die dritte grundlegende Systemeigenschaft, die alle biologischen Systeme, alle Organismen und damit das Leben allgemein auszeichnet.

Im Gegensatz zu den beiden anderen genannten Eigenschaften ist der Stoffwechsel im Sinne der Energiegewinnung für alle Lebewesen, die vom Sauerstoff leben (also aerob atmen), identisch. Das bedeutet, dass bei allen aeroben Lebewesen die völlig identischen Stoffwechselwege mit den völlig identischen Stoffwechselsubstanzen und den völlig identischen Stoffwechselenzymen benutzt werden. Die Bau- und Betriebsvorgänge laufen in allen Organismen in gleicher Weise ab, es gibt keine gut gehüteten »Betriebsgeheimnisse«. Konkret: Es bestehen keine prinzipiellen Unterschiede zwischen einem Einzeller und einem Menschen auf der einen Seite und einem Vogel oder einem Baum auf der anderen Seite. Der Stoffwechsel ist der gemeinsame Nenner, der alle Lebewesen auf der Welt verbindet, mögen sie sich äußerlich noch so stark unterscheiden. Die Grundprinzipien des Stoffwechsels haben sich auch im Verlauf der Evolution nicht geändert.

Ein derart generelles und konservatives System eignet sich bestens als Zählwerk für das Verstreichen der Zeit. Es erscheint auch molekularbiologisch sinnvoll, sich die Funktion einer solchen Datenspeicherung vorzustellen. Alle Arbeits- und Betriebsprozesse in der Zelle benötigen eine gewisse Menge an Energie. Über den Verbrauch bestimmter Energiemengen können sich die Organismen sehr einfach darüber in Kenntnis setzen, wie weit eine Synthese oder ein Zeitabschnitt abgelaufen ist.

Der Energiefluss bestimmt demnach Lebenszeit und Lebensverschleiß. Doch leider ist diese Energie keine ewig sprudelnde Quelle im Körper, sondern eher einem gefüllten Tank vergleichbar, den man nur einmal »leer fahren« kann – ein sinnvoller Umgang damit ist deshalb angesagt.

Energieverbrauch und Maximalalter

Doch wie alt werden Mensch und Tier nun? Und vor allem: Warum erreichen manche Menschen oder Tiere ein Rekordalter und warum sterben manche so früh? Sollten nicht alle Menschen das biologische Maximalalter von 120 Jahren erleben? Ein Blick in die Todesanzeigen zeigt, dass der Zeitpunkt des menschlichen Ablebens so individuell ist wie beispielsweise die Haar- oder Augenfarbe. Betrachtet man das Leben jedoch nicht als eine Kette von Tagen und Jahren, sondern als ein Verbrauchen von Energie, so fällt die Bilanz – wie schon geschildert – geradezu verblüffend einheitlich aus: Jedem Lebewesen steht die Energie von etwa 2500 Kilojoule pro Gramm Körpergewicht zum Leben zur Verfügung. Ist diese Energie verbraucht, ist das Leben zu Ende. Je nach artbedingter und individueller Stoffwechsellage und Lebensführung ist dieses Lebenskapital schneller oder langsamer aufgezehrt, und nur dadurch ergeben sich auf dem Kalender die Unterschiede.

Mit der Geburt beginnt eine Uhr zu ticken, die erst dann zum Stillstand kommt, wenn die verfügbare Energiemenge aufgebraucht ist (Unfall oder schwere Krankheit einmal ausgeschlossen). Diese Erkenntnis lässt sich nun in anschaulichere Parameter des Körpers als die wenig fassbare Größe »Energieverbrauch« umrechnen. Denn dieser Energieverbrauch korreliert mit bestimmten »Leistungen« des Körpers. So zeigt die Zahl der Herzschläge, der Schlafzyklen oder der Atemzüge Maximalwerte, die im Durchschnitt nicht überschritten werden und den Endpunkt einer maximalen Lebensspanne markieren. Jeder Vorgang im Körper kann daher nur mit einer begrenzten Häufigkeit ausgeführt werden. Für den Menschen entspricht diese Energiemenge tatsächlich dem statistisch ermittelten Höchstalter. Vorausgesetzt, weder Unfall noch Krankheit führen den Tod vorzeitig herbei, liegt es bei rund 120 Jahren. Die Tabelle auf Seite 80 zeigt, wie oft bestimmte Stoffwechselvorgänge im Körper während des Lebens ablaufen können.

Alte Signale in einer modernen Welt

Schaut man sich den heutigen (Berufs-)Alltag an, wird einem rasch klar, dass sich viel geändert hat, und zwar schneller, als unsere biologischen Programme Schritt halten konnten. Kein Wunder, wenn wir uns oft nicht mehr wohl fühlen. Doch häufig ist uns gar nicht mehr bewusst, woran das wirklich liegt. Bevor Sie nun an sich selbst zweifeln, hier einige Antworten.

Eine neue Zeitrechnung: das Web-Jahr

Die gesundheitlichen Belastungen des Arbeitslebens nehmen immer mehr zu. Die Gründe hierfür sind vielfältig: stundenlange eintönige, bewegungslose Sitzungen, Zwang zur permanenten Erreichbarkeit durch Handy und E-Mail und nach Ansicht amerikanischer Arbeitsmediziner eine neue Zeitrechnung, das Web-Jahr. Ein Jahr vernetzt zu arbeiten entspreche demnach der Belastung von drei normalen Arbeitsjahren, sagen die Arbeitsmediziner.

Da verwundert es nicht, dass vor allem High-Tech-Konzerne inzwischen in die Gesundheit ihrer Mitarbeiter investieren. Die Firma Siemens beispielsweise hat dafür einen Sportwissenschaftler engagiert, der ein firmeneigenes Präventionsprogramm betreut, an dem bis zum Frühjahr 2001 insgesamt 400 Mitarbeiter teilnahmen. Mit diesem Programm sollen gesundheitsfördernde Maßnahmen propagiert werden. Getreu dem Motto: Gesunde Mitarbeiter sind die besseren Mitarbeiter. Und die Investition ist,

Info

Wie lange lebt ein Mensch?

Die Lebensdauer eines Menschen lässt sich in der möglichen Anzahl physiologischer Vorgänge im Körper ausdrücken. Kein Prozess im Organismus kann unendlich oft wiederholt werden:

Lebenszyklus	1
Atemzyklen	200 000 000
Darmkontraktionen	300 000 000
Herzschläge	1 000 000 000
Wimpernschläge	20 000 000 000

wie es scheint, gut angelegt. Denn Burn-out-Syndrom, psychosomatische Erkrankungen, Hörsturz oder Tinnitus sind Alarmzeichen, die heute bereits 30-Jährige kennen. Zudem ist bekannt, dass Herz-Kreislauf-Erkrankungen die häufigste Todesursache sind. Jährlich erleiden rund 300 000 Menschen einen Herzinfarkt. Bei Männern zwischen 45 und 55 Jahren ist der Herzinfarkt Todesursache Nummer eins. Und zunehmend trifft es auch die Frauen.

New Economy: die bedröhnte Gesellschaft?

Sehr schnell wird in diesem Zusammenhang auch zu Drogen gegriffen. In den 60er und 70er Jahren lechzte die Jugend nach den Halluzinationen durch Heroin und LSD. Dass Drogen auch karrierefördernd sein könnten, kam den damaligen Usern nicht in den Sinn. Doch heute sind es gerade Karrieristen, die sich anfällig für Drogen zeigen.

Drogenexperten sprechen inzwischen schon von einer bedröhnten Gesellschaft. Und von Kokain als dem Treibstoff der New Economy. Diese Droge sorgt für größere Klarheit im Kopf, man fühlt sich wie durchgepustet und schafft Dinge, zu denen man im Normalzustand nicht in der Lage wäre. Die Droge ist überall da zu finden, wo in Hochgeschwindigkeit gearbeitet und ein Höchstmaß an Motivation gefordert wird.

Nirgendwo scheint der Druck am Arbeitsplatz so gewaltig zu sein wie in den Vorzeigefirmen der New Economy. In der Hoffnung auf den großen Reichtum in kurzer Zeit hat man sich die Devise »immer mehr und immer schneller« auf die Fahnen geschrieben. 100-Stunden-Wochen, durchgearbeitete Nächte – all das führt dazu, dass für diese Menschen Drogen praktisch schon zum Frühstück gehören. Ohne Doping ist ein solches Pensum nicht mehr zu bewältigen.

Info

Immer mehr Menschen fühlen sich durch den beruflichen Arbeitsalltag regelrecht ausgelaugt. Dabei ist die heutige Arbeitszeit erheblich kürzer als noch vor 40 Jahren. Arbeitsmediziner sprechen jedoch von einer neuen Zeitrechnung: dem Web-Jahr. Ein Jahr vernetzt zu arbeiten entspricht der Belastung von drei »normalen« Arbeitsjahren.

Das Gehirn steht auf Drogen

Die Evolution hat zudem das menschliche Gehirn mit Strukturen ausgestattet, die hervorragend auf jede Form von Rausch- und Suchtmittel anspringen. Nervenzellen schütten den Botenstoff Serotonin aus und vermitteln so ein Gefühl von Wohlbefinden. Auch Einfühlungsvermögen, Glücksgefühle und die Wahrnehmung werden über einen Serotoninausstoß gesteuert. Im Normalfall wird die Serotoninproduktion durch einen elektrischen Reiz ausgelöst, der vom Zellkörper durch den Nerv wandert. Das Serotonin wird in winzigen Bläschen gespeichert, die am Ende dieser Nerven gebündelt sind. Der Reiz veranlasst die Bläschen, Serotonin abzugeben. Ein Teil wird von den Rezeptoren des benachbarten Nervs aufgenommen und gibt elektrische Reize ab. Der Rest wird von Enzymen verarbeitet oder wieder vom Nerv aufgenommen.

Manche Drogen, wie zum Beispiel Ecstasy, veranlassen die Nervenzellen, den Serotoninvorrat abzugeben. Der Stoff überflutet die Verbindungsstelle zwischen zwei Nerven und überwältigt die Serotoninrezeptoren. Außerdem verhindern manche Drogen die Wiederaufnahme von Serotonin, erhöhen somit die Konzentration an den entscheidenden Stellen zusätzlich. Die Flut von Serotonin kann durchaus Nerven beschädigen; die Nervenenden sterben dann ab. Unter dem Einfluss von Drogen badet das Gehirn länger in den glücklich machenden Bausteinen.

Arbeit ohne Ende: die Überstunden

Drei Milliarden Überstunden machten die Deutschen im Jahr 2000, davon rund ein Drittel unbezahlt. Der wachsende Leistungsdruck veranlasst längst nicht nur Manager, sich Arbeit mit nach Hause zu nehmen, am Wochenende vorzuarbeiten oder abends länger im Büro zu bleiben. Fest steht jedoch: Wenn Mitarbeiter in einer Firma erhebliche Überstunden leisten und auch an Sonn- und Feiertagen arbeiten müssen, drohen dem Arbeitgeber und auch den Vorgesetzten juristische Konsequenzen. Pro Verstoß kann das Gewerbeaufsichtsamt hohe Bußgelder verhängen. Wiederholungstätern und Unbelehrbaren, die trotz Ermahnung der Behörden beharrlich gegen die gesetzlichen Arbeitszeitbestimmungen verstoßen, rückt der Staatsanwalt auf den Leib. Die Verantwortlichen können sogar im Gefängnis landen.

Die Unternehmer sollten diejenigen belohnen, die ihre Arbeit in der vereinbarten Zeit schaffen, und nicht jene für besonders motiviert halten, die die meisten Überstunden leisten.

Immer mehr überarbeitete oder gefeuerte Mitarbeiter, aber auch Wettbewerber nutzen mittlerweile Verstöße gegen das Arbeitszeitgesetz vermehrt als Einfallstor, um geltendes Recht und ihre Interessen durchzusetzen. Dabei berufen sie sich auf ein Gesetz, das mit der Wirklichkeit in den Betrieben kaum noch in Einklang zu bringen ist. Es besagt: Pro Tag sind maximal zehn Arbeitsstunden erlaubt. Alles was darüber hinaus gearbeitet wird, ist illegal. Die Folge: Vorgesetzte geraten zwangsläufig mit dem Gesetz in Konflikt und werden kriminalisiert, wenn sie ihre Mitarbeiter länger als zehn Stunden arbeiten lassen. Der zweite Gesetzesverstoß tritt ein, wenn sie den üblichen Achtstundentag auf zehn Stunden hochschrauben, aber dafür den erforderlichen Freizeitausgleich nicht zeitnah genug gewähren.

Wenn die Belastung zu groß wird

Die stärksten Belastungen am Arbeitsplatz sind psychischer Natur. 44 Prozent der Arbeitnehmer bezeichnen das Ausmaß von zu hoher Verantwortung als ziemlich oder stark belastend, für zwei von drei stellt der Zeitdruck das größte Problem dar. Das ergab eine Befragung von über 2000 Beschäftigten im Auftrag des Ministeriums für Arbeit und Soziales in Nordrhein-Westfalen.

Wenn die Seele unter der Arbeit leidet, streikt bald auch der Körper. Jeder zweite Arbeitnehmer klagt über Rückenschmerzen, jeder dritte gibt an, unter Kopfschmerzen, Erschöpfung

Info

In manchen Berufen sind immer wieder Überstunden notwendig. Sorgen Sie aber dafür, dass dies nicht zur Regel wird. Ihr Energiekonto liebt keine Überstunden. Reservieren Sie in Ihrem Terminkalender Ihre persönlichen Faulheitstermine. Diese sind genauso wichtig wie Ihre beruflichen Termine.

und Wutanfällen zu leiden. Jeder vierte quält sich tagsüber mit Lustlosigkeit und nachts mit Schlaflosigkeit. Wenn die Betroffenen diese Symptomatik nicht mit Sport und Erholung, sondern mit noch mehr Arbeit bekämpfen, stellt sich bei vielen das so genannte Burn-out-Syndrom ein. Das kann bis zu Persönlichkeitsveränderungen, Angstzuständen und depressiven Störungen reichen.

Die sinnvollste Medizin ist hier die Prävention. Ärzte empfehlen Entspannungstechniken, rechtzeitig Neinsagen zu lernen und sein Privatleben zu pflegen. Den Unternehmen, die eine Menge Geld durch Krankmeldungen verlieren, raten die Mediziner, für ein gesundes Betriebsklima zu sorgen, nicht nur über Leistungsanreize für Mitarbeiter, sondern auch über Möglichkeiten für deren Wertschätzung nachzudenken und die Führungskräfte zu schulen. Anwaltskanzleien und Unternehmensberatungen, in denen extrem lange Arbeitstage ziemlich häufig sind, denken neuerdings auch über neue Arbeitszeitmodelle nach: Neun Monate im Jahr wird ordentlich gearbeitet, dafür sind die übrigen drei Monate des Jahres frei.

Den wachsenden Leistungsdruck immer nur durch mehr Überstunden kompensieren zu wollen kann auf Dauer nicht der richtige Weg sein. Wer selbstständig arbeitet, muss lernen, auch seine Zeit selbstständig einzuteilen. Kein Gesetzgeber und ebenso kein Vorgesetzter kann einem Mitarbeiter die Entscheidung abnehmen, wie viel Zeit er in seine Arbeit und damit auch in seine Karriere investieren will, und ihm sagen, wann das Maß des Erträglichen erschöpft ist. Hier ist jeder selbst gefordert, für sich herauszufinden, wo die eigenen Grenzen liegen. Erfolgreich im Berufsleben tätig zu sein bedeutet letztlich auch, mit der Ressource

»Ich« nachhaltig und schonend umzugehen – denn diese Ressource ist endlich.

Das Sabbat-Jahr: die Lösung?

72 Prozent aller Deutschen wünschen sich eine Auszeit, einmal weg von Stress und Überstunden, von Telefongeklingel und permanent eingehenden E-Mails. Und immer mehr Firmen ermöglichen dies ihren Mitarbeitern und sorgen für eine finanzielle Absicherung. Sie haben so genannte Zeitkonten eingeführt, auf denen Überstunden angespart werden können, um sie dann als Langzeiturlaub abzufeiern. Oder es werden beispielsweise sieben Jahre lang nur sechs Siebtel des Gehalts ausgezahlt, so dass im arbeitsfreien siebten Jahr – dem so genannten Sabbat-Jahr – weiterhin das Monatsgehalt zur Bestreitung des Lebensunterhalts fließt.

Noch bieten in der freien Wirtschaft weniger als zehn Prozent der Firmen ihren Mitarbeitern spezielle Sabbatical-Programme an. Großunternehmen wie BMW, Hewlett Packard, der Softwarekonzern SAP, Siemens und die Deutsche Bank machen es vor. Vorreiter dieser Idee ist der öffentliche Dienst. In fast allen Bundesländern sind inzwischen Lehrer und Beamte dazu berechtigt, ein Sabbat-Jahr zu nehmen. Dennoch wird dieses Angebot nicht sehr häufig genutzt. Ein Hemmschuh liegt möglicherweise in der Angst vor der Reaktion der Umwelt. Wer sich für ein Sabbatical entscheidet, läuft Gefahr, als faul oder arbeitsscheu zu gelten. Bestrebungen, eine Auszeit vom Job zu nehmen, werden oft vorschnell als fehlende Bestätigung und Unzufriedenheit im Beruf interpretiert.

Genau das Gegenteil ist häufig der Fall, wie eine Studie der Ruhruniversität Bochum bestätigt. Sabbat-Jahr-Lehrer sind beruflich hoch motiviert. Die Entscheidung, ein Jahr aus dem Beruf auszusteigen, hat nichts mit einer Flucht vor den Strapazen des Jobs zu tun.

Viele Leute haben Aussteigerfantasien. Psychologen sehen darin ein psychisches Mittel, um den enormen Druck der heutigen Arbeitswelt zu bewältigen. Sprechen Sie einmal unter Ihren Mitmenschen oder Kollegen das Thema Sabbat-Jahr an. Sie werden erleben, dass Ihnen prompt jeder erzählen kann, was er in einer solchen Auszeit tun würde. Wer über Jahre hinweg Hochleistung erbringt, braucht Pausen, um nicht auszubrennen. Unternehmensberater sehen eine Art Auszeit auch als Mittel, um Spitzenleute zu halten. Erfahrungen mit dem Sabbat-Jahr haben gezeigt, dass es Kraft zu geben scheint, den Alltag neu zu strukturieren und Probleme zu lösen.

Das biologische Gesetz der Faulheit

Werden Sie ein biologischer Egoist!

Wer im modernen Arbeitsalltag überleben will, muss wieder zu seinen biologischen Programmen finden. Doch das Gesetz der biologischen Faulheit ist zweifelsohne in der heutigen Arbeitswelt nicht leicht umzusetzen. Zu groß sind oft der Leistungsdruck und der persönliche Ehrgeiz. Für die biologischen Bedürfnisse scheint kein Raum zu sein. Und dennoch: Der Mut, den biologischen Egoismus zu praktizieren, zahlt sich aus und wird Ihnen zu mehr Wohlbefinden und letztlich zu einem glücklicheren Leben verhelfen.

Wie schwierig es ist, die Stimme der eigenen Natur überhaupt wahrzunehmen, erlebe ich regelmäßig bei meinen Vorträgen und Seminaren. Doch mit etwas Nachdenken finden sich hier Lösungen. Oberstes Gebot: Halten Sie sich immer wieder das Geheimnis der Lebensenergie vor Augen, denken Sie an Ihren Rucksack mit Lebensenergie, der für ein ganzes Leben reichen muss. Sie fangen dann unweigerlich an, bewusster zu leben. Doch Energiesparen sollte keinesfalls zum Selbstzweck werden, wie etwa bei Krokodilen und Schildkröten. Im Gegenteil: Genießen Sie Ihr Leben – mit dem Energiesparen klappt es dann (fast) automatisch.

So starten Sie gut in den Tag

Beginnen Sie den Tag in Ruhe und ohne Hektik. Ihr Organismus ist vom Schlaf optimal entspannt und muss behutsam »hochgefahren« werden. Das falsche Tempo hier spüren Sie den ganzen

Tag. Nehmen Sie sich Zeit für ein paar Dehn- und Gymnastikübungen am offenen Fenster. Sehr gut tut auch das Yogi-Sonnengebet (siehe Seite 92ff.). Entwickeln Sie ein Pflegeritual im Bad, bei dem Sie sich wohl fühlen. Manche Menschen (auch Männer!) schwören auf Aromaduschen. Wählen Sie Ihren Gute-Laune-Duft, auf den Sie sich jeden Morgen freuen. Auch Meditation am Morgen kann ausgesprochen wirksam sein; sie verhilft zu innerer Ruhe, Kraft und Stärke.

Das richtige Frühstück

Die erste Mahlzeit am Tag ist die wichtigste. Mit dem richtigen Frühstück starten Sie immer aus der Pole-Position in den Tag. In der nächtlichen Ruhephase sinkt der Blutzuckerspiegel drastisch ab, deshalb ist man morgens zunächst schlapp. Es gilt also, die Energiereserven wieder aufzufüllen. Wenn Energie und Vitalstoffe stimmen, nimmt die Leistungskurve ihren Aufschwung, und Sie fühlen sich gut.

Info

Ein bekannter Zen-Lehrer verriet mir das Geheimnis seiner inneren Stärke: jeden Morgen eine Stunde Meditation. Dabei setze er sich ruhig hin und lasse die Gedanken kommen und gehen. Manchmal konzentriere er sich auch auf ein Wort oder eine Losung, zum Beispiel »Frieden« oder »Kraft«. Er versicherte mir, die Zeit sei gut angelegt, er könne sein Tagespensum mit weniger Energieaufwand erledigen.

Ideal zum Frühstück, für das Sie sich 15 bis 20 Minuten Zeit gönnen sollten, sind ballaststoffreiche Lebensmittel wie Vollkornbrot oder Müsli. Auch frische Früchte oder Obstsäfte sowie magere Milchprodukte (Joghurt, Quark, Buttermilch) sollten beim täglichen Frühstück nicht fehlen. Vielleicht bereiten Sie es schon am Abend vorher vor, so dass Sie mit nur wenigen Handgriffen einen gedeckten Tisch haben.

Munter mit Morgengymnastik

Mit einer kleinen Morgengymnastik aktivieren Sie die vom Schlaf entspannten Muskeln, dehnen Ihre Sehnen und bringen den Kreislauf auf Touren. Dehnen und recken Sie sich bereits im Bett ausgiebig, öffnen Sie dann das Fenster und machen Sie einige Atemübungen. Stellen Sie sich ein paar Gymnastikübungen zusammen, die Ihnen gut tun.

Ideal ist auch das Yogi-Sonnengebet, eine Folge von Dehn- und Atemübungen, die den ganzen Körper vitalisieren, wach und gelassen machen und Alterserscheinungen vorbeugen. Wenn Sie sich anschließend noch mit einer Bürste oder einem Luffa-Handschuh abreiben, werden Sie sich putzmunter fühlen.

Das Yogi-Sonnengebet

Mit der folgenden Yoga-Übung trainieren Sie zunächst Ausdauer und Beweglichkeit. Die Übungen aktivieren den ganzen Organismus, regen Kreislauf, Atmung und Verdauung an, darüber hinaus werden Hormonhaushalt und Immunsystem stimuliert. Üben Sie das Sonnengebet oder den Sonnengruß am besten morgens vor dem Frühstück, Sie werden überrascht sein, mit wie viel Power Sie in und durch den Tag gehen.

Machen Sie die Übungen, wenn möglich, in Richtung aufgehender Sonne bei geöffnetem Fenster. Beginnen Sie mit vier Runden und steigern Sie allmählich auf zwölf. Dafür benötigen Sie etwa 20 bis 30 Minuten. Achten Sie auf den Atemrhythmus!

1. **Ausatmen:** Stehen Sie aufrecht mit geschlossenen Füßen und vor der Brust gefalteten Händen. Die Schultern sind hinten und unten.

2. **Einatmen:** Strecken Sie die Arme über den Kopf nach oben, dehnen Sie den Körper bis in die Fingerspitzen, beugen Sie den Rumpf weit nach hinten. Vermeiden Sie ein Hohlkreuz. Spüren Sie, wie der Atem tief in Ihren Körper strömt.

3. **Ausatmen:** Beugen Sie sich nach vorn, legen Sie die Handflächen neben die Füße auf den Boden, Zehen und Fingerspitzen bilden eine Linie, Knie möglichst durchgestreckt.

4. **Einatmen:** Strecken Sie das linke Bein nach hinten, beugen Sie das rechte Knie. Beugen Sie – gestützt auf die neben den Füßen am Boden befindlichen Hände – dann den Oberkörper so weit wie möglich nach oben und schauen Sie nach oben, halten Sie das Kinn hoch.

5. **Atem anhalten:** Strecken Sie das rechte Bein ebenfalls nach hinten, spannen Sie dabei das Gesäß an. Gewicht auf Hände und Zehen stützen, Kopf und Körper bilden eine gerade Linie.

6. **Ausatmen:** Senken Sie Knie, Brust und Stirn nach unten, heben Sie die Hüften an, Zehen dabei nach innen drehen.

7. **Einatmen:** Senken Sie die Hüften, strecken Sie die Zehen nach hinten aus und beugen Sie den Oberkörper zurück. Schauen Sie nach oben und zurück, stützen Sie sich dabei auf Ihre Hände und strecken Sie die Arme.

8. **Ausatmen:** Drehen Sie den Körper zu einem umgekehrten

V. Bringen Sie die Fersen auf den Boden, lassen Sie den Kopf hängen und nehmen Sie die Schulterblätter zurück, Hände am Boden.

9. Einatmen: Stellen Sie den linken Fuß nach vorn zwischen die Hände, das andere Knie ist gestreckt und berührt den Boden. Schauen Sie wie in Position 4 nach oben.

10. Ausatmen: Ziehen Sie das rechte Bein nach vorn, richten Sie sich langsam auf. Die Handflächen bleiben in den Positionen 3 bis 10 an derselben Stelle. Sie haben nun die Position eines Klappmessers mit Kopf an den Knien.

11. Einatmen: Heben Sie die Arme nach oben, beugen Sie den Rumpf zurück und dehnen Sie sich (wie in Position 2).

12. Ausatmen: Kommen Sie in die aufrechte Haltung zurück (Ausgangsstellung).

Warten Sie mit der nächsten Runde, bis sich der Atem beruhigt hat. Sie werden merken, dass Ihnen bereits jetzt ganz schön warm geworden ist.

Info

Versuchen Sie die Entspannung der Nachtruhe mit in den Tag zu nehmen. Vermeiden Sie es, bereits auf dem Weg zum Job via Handy oder SMS den Arbeitstag zu starten. Gehen Sie wenigstens einen Teil der Strecke zu Fuß oder nehmen Sie das Fahrrad. Bewegung ist das beste Mittel, um das Stoffwechseltempo und damit den Energieverbrauch zu drosseln.

Kampf dem Stress

Es gibt keine allgemein gültigen Regeln, wie man zu einem Leben mit weniger Stress kommt. Jeder Mensch reagiert unterschiedlich auf Stressreize und besitzt ein individuelles Entspannungsprogramm. Die folgenden Tipps können jedoch eine Anregung für Sie sein, Ihr Leben in punkto Stress neu zu überdenken:

- Überprüfen Sie, welche Faktoren bei Ihnen besonders belastend wirken, und überlegen Sie, wie Sie diese aus Ihrem Leben verbannen können. Vielleicht ist Ihr Terminkalender zu voll gepackt, vielleicht betreiben Sie eine Sportart, die Ihnen überhaupt nicht gefällt, oder vielleicht haben Sie sogar einen Beruf, der nicht zu Ihnen passt. Nicht immer lassen sich alle Parameter im Leben optimieren, doch mit ein bisschen Nachdenken finden Sie heraus, wie Sie sich den Alltag leichter machen können.

Bringen Sie Abwechslung in Ihr Leben. Langeweile und Eintönigkeit können genauso als Stressfaktoren wirken wie ein übervoller Terminkalender.

- Manchmal entscheidet auch die innere Einstellung darüber, ob wir ein Ereignis als stressig oder nicht empfinden. Wenn Sie beispielsweise sehr viel Arbeit zu bewältigen haben, können Sie sich vorstellen, wie sich das Pensum vor Ihnen zu einem hohen Berg auftürmt und geradezu unüberwindlich wird. Sie können sich aber auch Ihre Arbeit in kleine Portionen aufgeteilt vorstellen, die Sie sicher nach und nach bewältigen werden. Freuen Sie sich, dass Ihre Fähigkeiten gefragt sind, und überlegen Sie sich etwas Schönes, mit dem Sie sich nach Beendigung der Arbeit (egal, wie lange sie dauern mag) belohnen werden.

- Wenn Sie bereits unter Stressbeschwerden wie permanenten Kopfschmerzen, Schlafstörungen, Übelkeit, Rückenschmerzen, Nackenschmerzen oder Ähnlichem leiden, sollten Sie dies als Warnsignal betrachten und Ihr Leben gezielt auf Stressfaktoren überprüfen.
- Setzen Sie sich nicht durch zu große Ansprüche in Arbeit und Freizeit unter Druck. Planen Sie regelmäßig Verschnaufpausen in Ihren Alltag ein, zum Beispiel durch entspannende Gymnastik, einen die Sinne anregenden Spaziergang oder einfach durch Nichtstun. Knüpfen Sie sich ein Netz aus liebevollen Freunden und pflegen Sie Geselligkeit und Hobbys. Dadurch entsteht ein Gefühl von Geborgenheit, das Sie gegen Stressreize immunisiert.
- Finden Sie heraus, was Sie nach einem außergewöhnlichen, anstrengenden Ereignis am schnellsten wieder ins Gleichge-

Info

Mammutsitzungen in geschlossenen, klimatisierten Räumen ohne Tageslicht sind purer Stress. Bestehen Sie auf Pausen, in denen Sie aufstehen und (wenn möglich) die Fenster öffnen. Essen Sie etwas. Ihr Körper braucht sowohl Sauerstoff als auch Energie. Sie geraten sonst in einen ausgeprägten Energiemangelzustand.

wicht bringt, und setzen Sie diese Maßnahme gezielt ein. Das kann ein gemütliches Aromabad sein, eine entspannende Massage, eine Pflegestunde bei der Kosmetikerin, ein Kino- oder Theaterbesuch.

- Üben Sie regelmäßig Sport aus. Dosiert betriebener Ausdauersport ist eine hervorragende Möglichkeit, Ihre Toleranz gegenüber Stressreizen zu erhöhen.
- Schmusen und kuscheln Sie. Zärtliche Hautkontakte stimulieren die Ausschüttung des Hormons Oxytocin. Dieses Hormon erzeugt ein Gefühl wohliger Geborgenheit und tiefer Zufriedenheit, das die Psyche gegen Stress abschirmt. Manchmal kann man es richtig spüren, wie der Stress von einem abfällt, wenn man liebevoll in den Arm genommen wird.

Vermeiden Sie Non-Stop-Belastung!

Jeder Vorgang in der Natur unterliegt einem mehr oder weniger deutlich wahrnehmbaren Rhythmus. Sehr auffällig ist das Wechselspiel zwischen Helligkeit und Dunkelheit. Pflanzen öffnen und schließen sich rhythmisch, Tiere haben einen klar definierten Aktivitätsrhythmus. Früher, als es noch keine künstliche Beleuchtung gab, lebte auch der Mensch im Takt der Natur. Wenn es dunkel wurde, ging man schlafen, sobald es wieder hell wurde, stand man auf. Aber auch das Wechselspiel der Jahreszeiten beeinflusst die Natur und den Menschen. In der dunkleren Jahreszeit, also dem Winterhalbjahr, ruht die Natur und tankt Kraft auf. Im Frühjahr erwacht die Natur zu neuem Leben und zeigt ihre ganze Aktivität.

Leben im natürlichen Rhythmus

Leben auch Sie im natürlichen Rhythmus! Wie das geht, macht Ihnen die Natur vor. Sämtliche Tiere und auch Pflanzen müssen auf die verschiedenen Jahreszeiten reagieren, denn im Sommer wachsen ihre Energieressourcen Wärme und Nahrung nahezu ins Unendliche, im Winter dagegen verringern sie sich oder verschwinden gar völlig. In unseren Breiten zieht sich im Winter fast die gesamte Vegetation zurück, und das wirkt sich nicht nur auf pflanzenfressende Tiere aus. Vom Bär bis zur Biene finden sie im Winter nur Bruchteile dessen vor, was sie zu ihrer Ernährung benötigen. Hier gibt es einige originelle »Ausweichstrategien«. So verlassen beispielsweise Zugvögel die unwirtliche und kalte Gegend und überwintern im warmen, sonnigen Süden.

Das können wir nachahmen. Wer es sich leisten kann, sollte während der kalten Monate durch einen Urlaub im sonnigen Süden Wärme und Licht tanken. Legen Sie einen solchen Trip am besten an den Beginn oder das Ende der kalten Jahreszeit – dann sind die Temperaturunterschiede zum heimischen Wetter nicht so groß.

Eine weitere Methode: Manche Tiere fahren Körpertemperatur und Energiebedarf herunter, indem sie einen Winterschlaf halten. Säugetiere wie Igel oder Fledermaus oder ebenso der Bär suchen sich einen frostsicheren Platz und bewegen sich nicht mehr. Die Körperkerntemperatur und der Stoffwechsel fallen drastisch ab. Der Energieverbrauch pro Tag sinkt bis auf einen Bruchteil des Normalen, und die Körpertemperatur nähert sich dem Gefrierpunkt.

Auch im normalen Schlaf sinkt die Körpertemperatur leicht ab. Zwar kann der Mensch keinen Winterschlaf halten, doch das Prinzip können wir in der kalten Jahreszeit durchaus übernehmen: Schlafen Sie ausreichend und schlafen Sie vor allem mehr! Wer im Rhythmus der Natur lebt, wird spüren, dass er mit Einsetzen der Dunkelheit müde zu werden beginnt. Man kann dieses Schlafsignal auch ausknipsen, indem man zu viel Kaffee trinkt oder sich zu großer Helligkeit aussetzt. Doch wer die langen Winternächte für erholsames Schlafen nützt, dem werden Kälte und Dunkelheit weniger anhaben als Menschen, die dagegen ankämpfen und sich künstlich wach halten.

Die Mittagspause

Sind Sie an manchen Abenden einfach fix und fertig? Kein Wunder, sagen Sie sich vielleicht, bei dem Stress in der Arbeit! Wer dann noch zusätzlich seine Mittagspause ausfallen lässt, beraubt sich einer unschätzbaren Energiequelle. Leider ist das im heutigen modernen Büroalltag keine Seltenheit. Im Auftrag der Berlin Kölnischen Krankenversicherung fand das Meinungsforschungsinstitut Emnid heraus: Mehr als ein Drittel der deutschen Angestellten arbeiten mehrmals in der Woche den Tag durch. Als Hauptgrund geben 77 Prozent der Befragten an, zu viel zu tun zu haben. Bei den männlichen Büroangestellten liegt der Anteil der pausenlos Arbeitenden mit 39,1 Prozent sogar noch deutlich höher als bei ihren Kolleginnen. Bei ihnen sind es »nur« 27,9 Prozent.

Ein weiteres Ergebnis dieser Studie: Je höher das Nettoeinkommen, desto höher war auch die Anzahl der Durcharbeiter. Für Experten sind solche Fakten alarmierend. Erholsame Mittagspausen sind nämlich das A und O eines erfolgreichen Arbeitstags und unverzichtbar für den Erhalt von Gesundheit und Leistungsfähigkeit.

Egal, welche Tätigkeit Sie ausüben, ob Sie selbstständig oder angestellt sind: Gönnen Sie sich Ihre Mittagspause und animieren Sie auch Ihre Kollegen, Pause zu machen. Achten Sie beim Mittagessen auf leichte, vitalstoffreiche Kost und verschlingen Sie nicht im Vorbeigehen einen Hamburger oder Pommes rot/weiß. Packen Sie Ihre Mittagspause nicht mit Erledigungen voll wie Behördengängen oder dem Einkauf fürs Abendessen. Diese Pause, egal, wie kurz oder lang, gehört ganz allein Ihnen und Ihrem Körper.

Nutzen Sie Ihre Mittagspause für etwas Bewegung, gehen Sie eine Runde im Freien spazieren, tanken Sie so Licht und Sauerstoff. Sie gewinnen neue Kraft und entspannen Ihre Muskeln. In der dunklen Jahreszeit ist dies für die Mehrzahl der Berufstätigen sogar die einzige Möglichkeit, ein paar Sonnenstrahlen zu genießen. Verlassen Sie in jedem Fall Ihren Schreibtisch, sonst haben Sie abends – trotz Pause – das Gefühl, pausenlos geschuftet zu haben. Suchen Sie in der Mittagspause auch Kontakt zu Kollegen, nicht unbedingt um über die Arbeit zu reden, sondern um sich zu entspannen. Ein gemeinsam genossenes Essen bekommt wesentlich besser als ein einsames Mahl. Unterhalten Sie sich, lachen Sie und haben Sie Spaß. Dann starten Sie frisch gestärkt in die zweite Hälfte Ihres Arbeitstags.

Der Mittagsschlaf

Mein Doktorvater, der leider längst verstorbene Prof. Gerhard Braunitzer, war nicht nur ein ausgezeichneter Lehrer über die Biologie des Menschen, er hat auch die Gesetze der Biologie praktisch vorgelebt. So pflegte er sich nach dem Mittagessen in ein eigens dafür eingerichtetes kleines Zimmer zurückzuziehen, und niemand durfte ihn stören. Später erzählte er mir, er halte einen kurzen Mittagsschlaf ab, etwa 20 Minuten. Kein Wunder, dass dieser Mann auch mit über 60 Jahren fit und vital war und ein ganzes Heer von Doktoranden betreute.

Sehnen auch Sie sich manchmal mittags nach vollkommener Ruhe oder fallen Ihnen gar die Augen zu? Hätten Sie nicht Lust auf ein kleines Nickerchen? Dann befinden Sie sich in guter Gesellschaft, nämlich mit zahlreichen Managern, Wissenschaftlern und Politikern. Insgesamt schläft jeder fünfte Deutsche mittags mehr oder weniger regelmäßig. Dennoch spricht kaum jemand in unserem Land darüber, denn der Mittagsschlaf ist hier verpönt. Die meisten Menschen verbinden damit Schwäche, Krankheit und Alter.

Nicht so dagegen unsere südländischen Nachbarn. Für sie bedeutet Siesta Vergnügen und Erholung pur. In den meisten südlichen Ländern Europas ist die Siesta ein normaler Bestandteil des Tagesablaufs. So haben italienische Arbeiter ein gesetzlich verbürgtes Recht auf eine Schlafpause am Nachmittag, was eine mehrstündige Mittagspause voraussetzt. Vor allem in den äquatornahen Gebieten schlafen mittags besonders viele Menschen. So legen sich in Mexiko, Ecuador und Nigeria zwei von drei Erwachsenen mittags zu einem Nickerchen hin. Die traditionelle chinesische Medizin betrachtet den Mittagsschlaf als ein Mittel, die Gesundheit vor allem älterer Menschen zu erhalten.

Mittagsschläfer sind keine verschwindende Minderheit. Immerhin jeder fünfte Deutsche gönnt sich ein Nickerchen am Tag. Doch aus Angst, als Schlafmütze bezeichnet zu werden, hängen viele ihre Siesta nicht an die große Glocke.

Auch wenn bei uns der Mittagsschlaf eine ausgesprochen schlechte Presse hat, so lassen sich doch zahlreiche berühmte Anhänger nennen. In Deutschland bekannte sich Konrad Adenauer, der erste Bundeskanzler der Republik, dazu, regelmäßig mittags zu schlummern. Auch Exkanzler Helmut Kohl tat es ihm nach und rühmte sich sogar öffentlich dieser Kunst. Hans-Dietrich Genscher, langjähriger deutscher Außenminister, lobte den Mittagsschlaf genauso wie andere zeitgenössische europäische Politiker, etwa der französische Präsident Jacques Chirac und die ehemalige britische Premierministerin Margaret Thatcher. Der legendäre britische Premierminister Winston Churchill äußerte sich dazu auch schriftlich: »Zwischen Mittagessen und Abendessen muss man schlafen. Denken Sie bloß nicht, dass Sie weniger Arbeit schaffen, wenn Sie am Tage schlafen. Das ist eine dumme Idee von Leuten ohne Vorstellungsvermögen. Sie werden sogar mehr bewerkstelligen, Sie bekommen zwei Tage in einem – nun gut, wenigstens eineinhalb Tage. Da bin ich sicher.«

Forscher haben herausgefunden, dass Versuchspersonen nach einem Nickerchen bei ihrer Arbeit schneller reagieren, aufmerksamer und konzentrierter arbeiten und besser gelaunt sind als Kollegen ohne Mittagsschlaf – und zwar nachhaltig. Das gilt sogar für ein Schläfchen am frühen Abend direkt vor der Nacht-

Info

Am häufigsten gönnen sich bei uns Kinder und Alte einen Mittagsschlaf, aber auch Studenten und Arbeitslose. Da Berufstätige aus Mangel an Gelegenheit in der Mehrzahl kein Nickerchen machen, sagt das nichts über deren Bedürfnis danach aus. Menschen über 60, die nicht mehr im Arbeitsleben stehen, schlafen zu mehr als zwei Dritteln tagsüber.

schicht. In diesem Fall unterliefen den Schichtarbeitern weniger Fehler und sie arbeiteten produktiver. Selbst dem Gedächtnis hilft ein Nickerchen auf die Sprünge. Australische Forscher ließen Versuchspersonen eine Liste sinnloser Silben auswendig lernen. Danach durften einige von ihnen kurz schlafen. Diese Personen konnten das Gelernte hinterher besser wiedergeben als die anderen nach der gleichen Zeit ohne Schlaf.

Regeln für ein erholsames Nickerchen

Auch Ihre Lebensenergie und Ihre Kräfte zerrinnen nicht so schnell, wenn Sie tagsüber eine Schlafpause einlegen. Halten Sie deshalb einen Mittagsschlaf, wann immer Sie Zeit und Gelegenheit dazu haben. Doch tagsüber kurz zu schlafen ist eine Kunst und will gelernt sein.

- Die beste Zeit dafür liegt am frühen Nachmittag, wenn wir uns biologisch in einem Tief befinden. Sie werden feststellen, dass Ihnen dann in Rekordzeit die Augen zufallen, vor allem wenn Sie die Nacht zuvor wenig geschlafen haben.
- Die meisten Menschen sind nach einem Tagschläfchen zunächst ein bisschen schlaftrunken. Bis zu einer Viertelstunde kann man schlecht gelaunt sein, langsamer reagieren oder Probleme mit der Konzentration oder dem Gedächtnis haben. Dieser Effekt hängt unter anderem damit zusammen, wie lange man sich aufs Ohr gelegt hat. Er tritt jedoch kaum auf, wenn man das Nickerchen auf 10 bis 30 Minuten beschränkt.
- Grundsätzlich gilt: Nehmen Sie sich beim Mittagsschlaf Zeit zum Aufwachen. Es kann sich ohnehin nur um Minuten handeln. Wer sich regelmäßig ein Schläfchen am Tag gönnt, wird feststellen, dass sich der Körper offenbar auf das Nickerchen

vorbereitet. Die Körpertemperatur sinkt vorher leicht ab, Sie werden im wahrsten Sinn des Wortes cool, schlafen ein und wachen dann automatisch nach rund 20 Minuten wieder auf.

Das Abendessen

Meist ist das Abendessen die einzige Mahlzeit, die man zusammen mit der Familie genießen kann. Oft ist es auch die einzige Mahlzeit, für die man sich etwas Zeit nehmen kann. Und genau das sollten Sie regelmäßig tun. Ein köstliches Essen im Kreis der Familie oder mit Freunden ist Genuss und Wohlbehagen pur, tankt Körper und Seele richtig auf und erhält die Leistungsfähigkeit.

Ein gutes Abendessen ist leicht bekömmlich und gleicht Defizite in der Ernährung des Tages aus. Wer am Mittag auf Sandwich und Salat gesetzt hat, sollte sich abends eine warme Mahlzeit gönnen. Haben Sie zum Lunch dagegen warm gespeist, reicht abends ein Sandwich oder ein kleines kaltes Gericht aus. Kamen tagsüber Obst und Gemüse zu kurz, ist ein frischer Salat

Info

Ein Trick: Trinken Sie vor dem Mittagsschlaf eine Tasse Kaffee. Koffein wirkt nämlich erst nach 30 Minuten. Man kann es deshalb als eine Art biologischer Wecker einsetzen, um nach einem Nickerchen rechtzeitig aufzuwachen. Auf diese Weise lässt sich auch die Schlaftrunkenheit vermeiden.

am Abend genau das Richtige. Günstig sind generell kohlenhydratreiche Gerichte, also Nudeln oder Kartoffeln, da sie beruhigend wirken und erholsamen Schlaf garantieren. Hier dürfen Sie ruhig für italienische Verhältnisse sorgen. Nehmen Sie sich Zeit und schwelgen Sie in mediterranen Gaumenfreuden.

Wenn Sie vorher noch für eine Dosis Bewegung gesorgt haben, beispielsweise durch einige Runden Laufen, Radfahren, Schwimmen oder zügiges Spazierengehen, werden Sie spüren, wie Ihr Stresspegel sinkt und damit die Anspannung des Tages schwindet. Der Atem geht langsamer, der Kopf wird frei, Sie fühlen sich entspannt und schlafen auch besser.

Der angeborene Instinkt zum Überleben

Es gibt biologische Grundbedürfnisse, die sich jeder Mensch erfüllen muss. Diese angeborenen Überlebensmechanismen können langfristig nicht ohne Schaden übergangen werden:

- Schlafen
- Essen
- Bewegung
- Lieben

Damit wir diesen Bedürfnissen tatsächlich Raum in unserem Leben geben, hat die Natur sie mit sehr positiven Gefühlen besetzt – die natürlich wieder im Gehirn entstehen:

- Nach einem ausgiebigen und gesunden Schlaf fühlen wir uns fast wie neugeboren. Der Grund: In den frühen Morgenstunden steigt der Pegel des Wohlfühlhormons DHEA (Dehydroepiandrosteron), das des Nachts für erholsamen Schlaf sorgt, an und macht das Gehirn frisch und munter.
- Nach einem guten Essen empfinden wir Zufriedenheit. Hier vermittelt uns ein Serotoninstoß im Gehirn das behaglich-behäbige Gefühl, angenehm satt zu ein.
- Wenn Sie sich sportlich angestrengt haben, tritt eine Art Rauschzustand auf. Endorphine überfluten das Gehirn und machen high.
- Fast das schönste Gefühl, das man sich verschaffen kann: erfüllenden Sex zu haben oder auch nur Kuscheln mit dem Partner. Dabei entsteht im Gehirn ein wahres Feuerwerk von Lust-

hormonen. Eine dosierte Mischung aus Stresshormonen, Sexualhormonen, Schilddrüsenhormonen und dem »Kuschelfaktor« Oxytocin versetzt den ganzen Körper in einen unglaublichen Glückszustand.

Genau diese Bioprogramme sichern das Überleben des Menschen sowohl als Individuum als auch seiner Art. In diesen Programmen steckt die ganz natürliche Biologie des Menschen. Nur: Im modernen Alltag ist (fast) kein Platz mehr für die Impulse der Natur. Mehr noch: Die natürlichen Bedürfnisse werden regelrecht ausgegrenzt. Am Schlaf sparen viele Menschen. Mahlzeiten werden zu Minuten-Fertiggerichten vor dem Fernseher, und die soziale Komponente der Mahlzeiten entfällt fast völlig. Auch für Sport bleibt kaum Zeit, und unser Alltag wird immer bewegungsärmer. Wenn Arbeit, Sorgen und Probleme überhand nehmen, bleiben nicht selten menschliche Kontakte und das Sexualleben auf der Strecke.

Doch ist das tatsächlich erstrebenswert? Macht ein derart – physiologisch – reduziertes Leben Spaß? Wohl kaum! Ein voll komponiertes Leben, bei dem Sie Ihr biologisches Repertoire

Info

Mit unserem Körper ist es wie bei einem technischen Gerät: Wenn Sie es gemäß seiner Betriebsanleitung benutzen, erfüllt es lange seinen Dienst. Wenn Sie es aber gegen »seine Natur« oder einseitig einsetzen, zeigen sich bald Schäden und Mängel.

ausschöpfen, ist wesentlich erfüllender und energiesparender als ein Dasein auf der biologischen Schmalspur. Werden Sie deshalb ab sofort ein »biologischer Egoist« und leben Sie Ihre Bedürfnisse voll und ganz aus. Setzen Sie sich mutig für das ein, was Ihr Körper und Ihre Seele brauchen. Entdecken Sie den Segen der biologischen Faulheit.

Jungbrunnen Schlaf

Der Mensch verschläft rund ein Drittel seines Lebens. Dennoch ist diese Zeit gut angelegt. Der Schlaf ist die natürlicherweise in jeden Organismus einprogrammierte Regenerationsphase, in der der Körper wieder aufgetankt wird. Es ist die beste Erholungsmöglichkeit für den Organismus, die es überhaupt gibt! Diese nächtliche Ruhephase versorgt uns mit Kraft und Energie für den nächsten Morgen und regeneriert die Schäden des vergangenen Tages. Während wir schlafen, wird Gewebe repariert, laufen Heilprozesse ab, werden Organe und Zellen mit Brennstoff versorgt und alte Zellen durch neue ersetzt. Ferner wird das Immunsystem, der Hüter der Gesundheit, wieder nachgerüstet und einsatzbereit gemacht. Der Schlaf ist außerdem Balsam für Gehirn und Seele, indem er sich wie ein breites und unbewusstes Band zwischen zwei Tage legt und Abstand schafft. Ausreichendes Schlafen garantiert nicht nur körperliche und geistige Fitness, es beugt auch vorzeitigen Verschleißerscheinungen vor. Nach einem erholsamen Schlaf fühlt man sich frisch und munter und sieht auch so aus; die Haut ist glatter und rosiger, die Nerven sind beruhigt, Krankheitsbeschwerden haben sich gebessert.

Während der Nachtruhe wechseln sich Tiefschlaf- und Traumschlafperioden ab. In der Tiefschlafphase ist die körperliche Regeneration sehr intensiv, das Gehirn ist ruhig. Im Traumschlaf hingegen ist das Gehirn äußerst wach und verarbeitet tagsüber eingegangene Reize zu einem oft recht bizarren Muster. Diese Muster sind lebenswichtig. Bei Traumentzug (z.B. durch Schlaftabletten!) ist die natürliche Erholungsfunktion des Schlafes gestört. Nur wenn der Schlaf ein alternierendes Muster aus Traum- und Tiefschlafphasen ist, wirkt er erholsam und schenkt Energie für den neuen Tag.

Wesentlich für den Erholungswert ist nicht nur eine ausreichende, individuell unterschiedliche Schlafdauer von etwa sechs bis neun Stunden, sondern auch eine entsprechende Schlafqualität.

Gesteuert wird dieses nächtliche Muster durch verschiedene Hormone, insbesondere das Melatonin aus der Zirbeldrüse und das Dehydroepiandrosteron (DHEA) aus den Nebennieren, außerdem durch Wachstumshormone und Kortisol.

Melatonin kann man als körpereigene Schlaftablette bezeichnen. Dieses Hormon wird mit einsetzender Dunkelheit (gemessen durch die Augen) ausgeschüttet und stimuliert die Schlafbereitschaft und das Schlafen. Bei Tageslicht wird dann die Melatoninproduktion wieder gestoppt, Müdigkeit und Schläfrigkeit verfliegen. Gegen Morgen macht das Hormon DHEA das Gehirn immer munterer, bis wir schließlich die Augen aufschlagen.

Vorsicht Schlafräuber!

Fahnden Sie nach den Ursachen für Schlafstörungen und suchen Sie gegebenenfalls einen Arzt auf. Folgende Umstände können Ihnen den Schlaf rauben:

- Schlechter Schlafplatz (Schlafzimmer zu laut, zu warm, zu hell oder zu kalt; Matratze zu hart oder zu weich; Wasserader bei sehr empfindlichen Menschen; schnarchender oder unruhiger Partner)
- Seelischer Stress und Probleme
- Aufregungen und Sorgen
- Üppiges Essen, Kaffee, Nikotin oder Alkohol zu spät am Abend
- Jetlag, Schichtarbeit oder anderweitig gestörter Tag-Nacht-Rhythmus
- Wohn- und Umweltgifte
- Elektromagnetische Felder (z.B. Fernseher, Digitaluhr, Handy im Schlafzimmer)
- Starke körperliche Erschöpfung
- Appetitzügler, koffeinhaltige Grippe- und Schmerzmittel
- Funktionelle und organische Erkrankungen von Herz, Kreislauf, Atmungs- und Verdauungsorganen (z.B. zu niedriger Blutdruck, Schlafapnoe-Syndrom)
- Schilddrüsenfunktionsstörungen
- Akute und chronische Anfallskrankheiten (z.B. Epilepsie, Keuchhusten, Asthma)
- Vitamin- oder Mineralstoffmangel
- Beginnende Demenz oder Alzheimer-Krankheit
- Mangel an Schlafhormon (Melatonin)
- Einseitige Ernährung (insbesondere Eiweißdiäten, Trennkost)

Langschläfer und Kurzschläfer

Missachten Sie die natürliche Regenerationsphase und Energiequelle nicht und gönnen Sie sich regelmäßig und ausreichend Schlaf in der Nacht. Doch wie lange soll man schlafen? Hierüber herrscht bei den meisten Menschen große Unsicherheit.

Nach einer am Regensburger Schlaflabor durchgeführten Untersuchung gehen die Deutschen im Mittel um 23.04 Uhr zu Bett und stehen um 6.18 Uhr wieder auf. Sie liegen demnach sieben Stunden und 14 Minuten im Bett. Zum Einschlafen brauchen sie durchschnittlich 15 Minuten, schlafen also ihrer eigenen Einschätzung nach ziemlich genau sieben Stunden. Wie exakt nun die wahrgenommene Schlafzeit dem individuellen Optimalpensum entspricht, ist häufig eine Frage der persönlichen Bewertung. Es gibt Menschen, die problemlos mit weniger als sieben bis acht Stunden Nachtruhe auskommen und solche, die deutlich mehr Schlaf brauchen, um sich fit und leistungsfähig zu fühlen.

Prominente Langschläfer waren Johann Wolfgang von Goethe und Albert Einstein. Beide schliefen zehn Stunden und ließen sich davon nicht so leicht abhalten.

Echte Langschläfer benötigen mehr als 9,5 Stunden Schlaf, echte Kurzschläfer weniger als sechs Stunden. Eine Person gehört nur dann zur einen oder anderen Gruppe, wenn sie mit ihrer ungewöhnlichen Schlafzeit zufrieden ist und über keinerlei Beschwerden klagt. Gerade mal 1,5 Prozent der Menschen schlafen länger als zehn Stunden. Umgekehrt kommen selbst echte Kurzschläfer fast immer auf fünf Stunden Schlaf, und weniger als vier Stunden schläft kaum jemand.

Ganz offensichtlich beeinflussen mehrere Faktoren die Schlafmenge eines Menschen. Zum einen gibt es für jeden eine bestimmte Schlafdauer, die für ihn optimal ist, und diese kann zwischen fünf und mehr als zehn Stunden variieren. Diese individuellen Zeiten haben augenscheinlich eine genetische Basis, ändern sich allerdings mit dem Lebensalter und sind nicht ein für alle Mal festgelegt. Andererseits herrscht beim Schlaf ein Jahreszeiten-Rhythmus vor: Im Winter schlafen wir länger und im Som-

Info

Berühmte Kurzschläfer

Einer der bekanntesten Kurzschläfer war der französische Kaiser Napoleon Bonaparte. Von ihm wird berichtet, er sei abends zwischen zehn und zwölf Uhr zu Bett gegangen und habe dann bis zwei Uhr morgens geschlafen. Von zwei bis fünf habe er gearbeitet und dann noch einmal bis sieben Uhr geschlafen. Für seinen Kurzschlaf nannte er durchaus auch ideologische Gründe, war er doch der Meinung: vier Stunden für den Mann, fünf für die Frau und mehr für Dummköpfe. Der Amerikaner Thomas Edison, der die Glühbirne erfand und damit wesentlich zu unserer heutigen speziellen Nutzung der Nacht beitrug, schlief selbst nachts nur etwa fünf Stunden. Er hätte das gern zur Norm gemacht und bezeichnete längeren Schlaf als Zeitverschwendung.

mer kürzer. Frauen haben übrigens natürlicherweise ein höheres Schlafbedürfnis als Männer. Und dieses variiert noch zyklusabhängig: Zu Beginn des weiblichen Monatszyklus ist die Schlafbereitschaft am größten, sie sinkt gegen Ende des Zyklus ab (entsprechend schwankt auch der Pegel des Schlafhormons Melatonin im Blut einer Frau).

Bei Krankheit schlafen wir in der Regel länger, unter akuter Belastung oder bei Sorgen dagegen kürzer. Zusätzlich bestimmen äußere Faktoren die Schlafdauer. So verkürzen etwa Lärm, zu hohe oder zu tiefe Raumtemperatur, Helligkeit oder ungewohnte Umgebung bei den meisten Menschen die natürliche Schlafdauer. Auch die Qualität der Matratze oder Einsamkeit beziehungsweise Zweisamkeit beim Schlafen hat Einfluss auf die Dauer des Schlafs.

Wenn Schlaf fehlt

Einzelne Kurznächte beeinträchtigen normalerweise weder die Leistungsfähigkeit noch das Wohlbefinden. Erst wenn wir mehrfach hintereinander unsere innere Schlafuhr zu überlisten versuchen, drohen körperliche und seelische Schäden.

Der moderne Arbeitsalltag zeigt immer wieder, dass ein Mensch sein biologisches Schlafbedürfnis erstaunlich lange überwinden kann, wenn er dies unbedingt will und durch äußere Umstände intensiv dabei unterstützt wird. Jeder weiß aus eigener Erfahrung: Die eine oder andere durchwachte Nacht schadet ganz offensichtlich nicht. An verschiedenen Schlaflabors durchgeführte Studien belegen, dass die meisten Versuchspersonen es einigermaßen gut verkraften, eine Woche lang nur 5,5 Stunden zu schlafen. 4,5 Stunden hält jedoch kaum jemand länger als eine Woche durch. Bei drei Stunden Schlaf pro Nacht fällt das Leistungsvermögen bereits innerhalb der ersten Woche drastisch ab.

Schlafentzug äußert sich zunächst in einer extremen Müdigkeit. Zahlreiche Forscher sind sich einig: Zu wenig Schlaf macht alt, und langfristige Schlafverkürzung geht mit deutlichen Folgen einher. Der Kohlenhydratstoffwechsel funktioniert schlechter, die Zuckerkonzentration im Blut steigt an, und abends wird mehr Stresshormon Kortisol ausgeschüttet als gewöhnlich. Auch die Schilddrüsenhormone kreisen nicht mehr im normalen Takt im Körper. Diese Veränderungen ähneln denen im Alter sowie denen im Frühstadium der Zuckerkrankheit. Solche Zustände gehen nach Erholungsnächten wieder vorüber und werden nur bei dauerhaftem Schlafmangel zur Gefahr.

Allgemein führt Schlafentzug von mehreren Tagen zu brennenden und schmerzenden Augen, oft werden Gegenstände doppelt wahrgenommen. Die allgemeine Schmerzschwelle ist erheblich niedriger, in den Armen und Beinen kann es zu Gefühlsstörungen kommen. Herzschlag und Atmung werden unregelmäßiger, der Blutdruck fällt. Langfristig entgleisen Stoffwechsel und Immunsystem. Man wird anfälliger für Erkrankungen aller Art.

Auch psychisch zeigt Schlafmangel Folgen. Wenn Menschen zu wenig schlafen, werden sie schreckhaft und reizbar, verhalten sich gleichzeitig misstrauisch, sind schlecht gelaunt, und ihre Wahrnehmung wird unzuverlässig. Man will eigentlich nur noch schlafen und interessiert sich kaum noch für etwas, jede geistige Anstrengung kostet ungeheure Mühe. Je länger der Schlafentzug beziehungsweise der Schlafmangel dauert, umso ausgeprägter sind die Auswirkungen. Es kann sogar zu Halluzinationen und Sinnestäuschungen kommen. Permanenter Schlafmangel schwächt auch die Willenskraft und schadet der gezielten Denkfähigkeit.

Und was passiert bei zu viel Schlaf? Schlafen Menschen mindestens zwei Stunden länger, als für sie richtig ist, werden viele lethargisch und lustlos, können sich weniger Dinge merken, reagieren langsamer und fühlen sich rundum zerschlagen. Das lässt sich abstellen, indem man seinen Schlaf auf die individuell optimale Zeit begrenzt. Wirklichen Schaden erleidet man aber durch zu langes Schlafen nicht.

Bio-Tipp: Gönnen Sie sich so viel Schlaf, wie Sie brauchen
➔Finden Sie heraus, wie viel Schlaf Ihnen gut tut, und bekämpfen Sie Schlafstörungen aller Art. Nehmen Sie Ihr persönliches Schlafbedürfnis ernst. Bewundern Sie nicht die Zeitgenossen, die bis in die Nacht arbeiten oder mit nur wenig Schlaf auskommen. Genießen Sie die positiven Veränderungen an Ihrem Aussehen und in Ihrer Energie, die regelmäßiger und guter Schlaf schenkt.

Genussfaktor Ernährung

An Ernährungsratschlägen fehlt es heute wahrlich nicht. Die meisten Menschen wissen, wie sie sich gesund ernähren können. Auch am Angebot der Lebensmittel herrscht – zumindest in den Industrienationen – kein Mangel.

Doch leider wird den »Non-Food-Beilagen« zu wenig Aufmerksamkeit geschenkt. Essen ist mehr als Nachtanken von Energie, um den Erhalt des Körpers zu sichern. Essen besitzt auch eine soziale Komponente, dient der Geselligkeit und dem

Gedankenaustausch und ist somit auch Futter für die Seele. Eine gemütlich im Kreis von Familie oder Freunden genossene Mahlzeit – das ist Luxus und Faulheit pur.

Bedauerlicherweise beobachtet man heute einen Trend in eine ganz andere Richtung: Snacken ist in! Essen soll keine Zeit kosten, am besten nebenbei erfolgen, um Zeit für »Wichtigeres« zu haben. Doch was gibt es Wichtigeres als die biologischen Bedürfnisse unseres Körpers? Hierzu ein paar Anregungen:

- Genießen Sie, was Sie essen! Der Mensch und seine individuellen Bedürfnisse rücken zunehmend in den Mittelpunkt der Ernährungswissenschaft. Statt starrer Vitamin- und Kalorienbilanzen stehen heute Genuss, Freude am Essen und Individualität an erster Stelle. Gehen Sie einmal mit offenen Sinnen über einen Gemüsemarkt (nicht unbedingt in den Supermarkt, wo Musik, Beleuchtung und Co. andere Sinne stimulieren!) und kaufen Sie, worauf Sie gerade Lust haben. Sie können nichts falsch machen und brauchen keinen Ernährungsratgeber, denn Ihre Sinne leiten Sie instinktiv zur richtigen Kost.
- Begnügen Sie sich nicht mit dem, was Sie im Kühlschrank vorfinden oder auf die Schnelle einkaufen können. Je bewusster Sie Ihr Essen zusammenstellen, desto besser wird es Ihnen bekommen.
- Nehmen Sie sich zum Essen ausreichend Zeit. Vermeiden Sie Stress und Hektik bei Ihren Mahlzeiten. Sorgen Sie auch für ein geschmackvolles Ambiente.
- Essen Sie im Sitzen, nicht im Stehen. Forscher haben herausgefunden, dass die Verdauungsorgane dann besser arbeiten. Essen im Stehen ist geradezu unphysiologisch.

- Für Berufstätige erweist es sich als schwierig, alle drei Hauptmahlzeiten des Tages gemütlich zu gestalten. Nehmen Sie sich daher für wenigstens eine Mahlzeit – das Abendessen – mehr Zeit und achten Sie an den Wochenenden und im Urlaub beim Essen auf Muße und eine schöne Atmosphäre.
- Essen Sie bei – unvermeidlichen – Geschäftsessen nur leicht Verdauliches und kauen Sie gut. Bestellen Sie sich lieber eine kleinere Portion und essen Sie diese langsam; das ist verträglicher als eine hastig hinuntergeschlungene große Portion.

Wenn Sie eine Zeit lang Ihren Mahlzeiten mehr Raum in Ihrem Leben gegeben haben, werden Sie spüren, wie gut das Ihnen tut. Ihr Organismus dankt es Ihnen mit körperlicher und seelischer Gesundheit.

Fitmacher Bewegung

Aus dem Gesetz der biologischen Faulheit könnte man folgern, dass Bewegung Faulheit zuwiderläuft. Doch das ist nicht der Fall. Im Gegenteil: Dosierter Sport gehört zur biologischen Faulheit. Sport stärkt Herz, Kreislauf und Muskulatur, senkt Bluthochdruck, optimiert den Fettstoffwechsel, verbessert die Muskelkraft und macht beweglicher. Außerdem aktiviert Sport sämtliche Organe und regt erwiesenermaßen die Hormonproduktion an. Und dann läuft der Körper »wie geschmiert« und damit wesentlich leichter als ein untrainierter Organismus. Durch Sport entlasten Sie also Ihren Körper – Pluspunkte auf Ihrem Faulheitskonto! Hier einige Tipps für Ihre sportlichen Aktivitäten:

- Stellen Sie sich ein persönliches Sportprogramm zusammen, das Sie regelmäßig und mit Freude ausüben. Lassen Sie sich von einem Fitnesstrainer beraten oder informieren Sie sich in einem guten Buch.
- Überprüfen Sie Ihre persönliche Fitness und lassen Sie sich gegebenenfalls von Ihrem Hausarzt untersuchen, bevor Sie ein Sportprogramm beginnen.
- Überfordern Sie sich nicht und nehmen Sie Rücksicht auf Ihre jeweilige Tagesform. Nach einem hektischen Arbeitstag wird man beispielsweise nicht die gleiche Strecke joggen können wie etwa an einem geruhsamen Sonntag.
- Sorgen Sie sich nicht, wenn Sie kurz nach Beginn einer sportlichen Betätigung das Gefühl haben, nur sehr schwer Luft zu bekommen. In der Regel stellt sich nach einigen Minuten Erleichterung ein. Sportwissenschaftler erklären diese anfängliche Atemnot mit dem »Anlaufen« der erhöhten Herz-Kreislauf-Tätigkeit.
- Auch Seitenstiche sind kein Grund zur Beunruhigung. Sie entstehen, wenn das Zwerchfell, der wichtigste Atemmuskel, seinen Sauerstoffbedarf nicht zu decken vermag.

Info

Bewegung ist auch ein ideales Mittel gegen Depressionen. Forscher haben herausgefunden, dass depressive Patienten, die mindestens dreimal in der Woche eine halbe Stunde zügig spazieren gingen und joggten, nach vier Monaten ihre Depression überwunden hatten.

- Oft ist der Wunsch abzunehmen die Motivation für mehr Bewegung. Häufig klappt das aber nicht wunschgemäß. Bleiben Sie trotzdem dabei! Sport bringt Ihren Stoffwechsel auf Trab, auch wenn die Pfunde nicht dahinschmelzen. Und dies ist wie eine gute Lebensversicherung. Untersuchungen haben gezeigt, dass ein gesunder Stoffwechsel wichtiger ist als eine gute Herz-Kreislauf-Verfassung oder ein normales Körpergewicht. Bei einer japanischen Studie absolvierte eine Gruppe von Männern ein Jahr lang ein leichtes Trainingsprogramm. Ihr Herz-Kreislauf-Zustand veränderte sich zwar nicht, und sie nahmen auch nicht ab, doch der Stoffwechsel verbesserte sich; der innere Motor arbeitete effektiver. Zahlreiche Mediziner sehen einen gesunden Stoffwechsel als den besten Schutz gegen Herzerkrankungen, Schlaganfall und Diabetes mellitus an.

Atmen: der Weg zu innerer Ruhe

Durch kaum einen Vorgang können Sie Ihr Lebenstempo so gut steuern wie durch das Atmen. Richtiges Atmen ist daher eine wichtige Säule für mehr biologische Faulheit in Ihrem Leben. Über den Atem bestimmen Sie, ob Ihre Energie dosiert fließt oder teilweise ungenutzt durch Ihren Körper rauscht. Richtiges Atmen ist demzufolge ein weiterer Schlüssel zur Faulheit und zum Energiesparen.

Wir tun es täglich, rund um die Uhr, aber oft machen wir es falsch. Dabei ist entspanntes und tiefes Atmen das beste Rezept für körperliches und seelisches Wohlbefinden. Ein ausgeglichener Atemrhythmus stabilisiert unsere Gesundheit, schenkt uns Ruhe und psychische Kraft und hält uns überdies fit. In jungen Jahren klappt das Atmen meist recht gut. Bei einem Baby hebt und senkt sich das Bäuchlein im gleichmäßigen Rhythmus. Die Seiten bewegen sich mit, Hals und Schultern bleiben locker und

Info

Die Atmung reguliert den Sauerstoff- und Kohlendioxidspiegel im Körper und entgiftet den Organismus. Beim Einatmen tanken wir Sauerstoff, beim Ausatmen scheiden wir überflüssiges Kohlendioxid und andere mit der Luft eingeatmete Gase, Staubpartikel oder gar Krankheitserreger aus.

entspannt. Einatmen, ausatmen, Pause – in diesem harmonischen Dreitakt ist der kleine Organismus eins mit sich und der Welt.

Falscher Lebensstil – falsche Atmung

Mit den Jahren verlernen wir jedoch diesen natürlichen Rhythmus. Ständiges Sitzen, beengende Kleidung oder auch zu hohe Schuhe zwängen den Bauch ein. Stehen wir zusätzlich unter Zeitnot oder unter Leistungsdruck oder haben wir gar Angst, wird die Atmung häufig zum eiligen Zweitakt, und das Atemzentrum wandert immer weiter nach oben in die Brust. Die Luft geht uns aus, wir sprechen hektischer und strapazieren die Stimme. Die Luft wird regelrecht in den Körper hinein- und wieder herausgepresst. Der Organismus erhält nicht genügend Sauerstoff und schaltet auf Sparflamme. Wir werden müde, bekommen kalte Füße, fühlen uns unwohl. Doch bevor es so weit kommt, sendet der Körper Signale nach einer besseren Atmung aus: Wir gähnen, seufzen, auch Husten, Niesen oder Lachen sind Hilfeschreie des Organismus nach mehr Frischluftzufuhr.

Achten Sie einmal bewusst darauf, in welchen Situationen Sie kurz und hektisch atmen, und beobachten Sie, ob Ihr Atem tief in den Bauch hineingeht oder in der Körpermitte stoppt. Oft werden Sie bemerken, dass sich über dem Zwerchfell und unter den Rippenbögen das Gewebe richtig hart anfühlt und Sie anfangen, nach Luft zu hecheln.

Oftmals wird die Ausatmung vernachlässigt. Diese ist jedoch wichtig, damit alle Lungenbläschen frei werden, um beim nächsten Atemzug wieder genügend frischen Sauerstoff aufzunehmen. Die häufigste Ursache für eingeschränktes Atmen sind Alltagsstress, Nervosität und Angst. Wir atmen zu schnell und zu flach und verkrampfen unsere Muskeln. Dieser Spannungszustand wird über die Nerven an das Gehirn übermittelt, was die seelische und körperliche Anspannung noch verstärkt und nicht selten zum Dauerzustand macht. Bei tiefer, ruhiger Bauchatmung fühlen wir uns locker und entspannt, wird unsere Sprache flüssig und ausdrucksstark, erhält die Stimme Volumen und sind Körper, Geist und Gefühle im Einklang. Biochemisch lässt sich das damit erklären, dass tiefes Durchatmen Wohlfühl-Botenstoffe in unserem Gehirn aktiviert, so genannte Endorphine.

Eine tiefe Bauchatmung stimuliert die inneren Organe, verbessert die Durchblutung, aktiviert Zellstoffwechsel, Immunabwehr und Verdauung.

Wieder richtig atmen

Als ein gutes Atemtraining erweist sich Sport. Regelmäßiger Sport erhöht die Aufnahmefähigkeit der Lunge und des Blutes für Sauerstoff und trainiert die Kapillargefäße. Blutgefäße, die sich durch Bewegungsmangel zurückgebildet haben, wachsen wieder nach und können nun auch die entlegensten Winkel des Körpers optimal mit Sauerstoff versorgen und Abfallprodukte abtransportieren. Und das sieht man Ihnen auch an. Richtiges Atmen macht die Haut jugendlich und rosig. Das zeigt ein Blick in den Spiegel, wenn Sie bei einem ausgiebigen Spaziergang oder nach sportlicher Betätigung eine Extraportion Sauerstoff getankt haben.

Bio-Tipp: So sorgen Sie für einen gesunden Atem

➜Achten Sie auf eine aufrechte Körperhaltung.

➜Tragen Sie keine einschneidende Kleidung, vor allem keine zu eng sitzenden Hosen.

➜Tragen Sie keine zu hohen Schuhe, vor allem wenn Sie länger gehen müssen. Dadurch verspannt sich die Bauchmuskulatur.

➜Bewegen Sie sich viel im Freien an der frischen Luft.

➜Sorgen Sie in Räumen für ausreichend Luftfeuchtigkeit.

➜Atmen Sie möglichst selten durch den Mund. In der Nase wird die Luft gereinigt, erwärmt und befeuchtet.

➜Unterdrücken Sie nicht das Abhusten von Schleim. Wenn Sie öfter unter Atemnot leiden, sollten Sie unbedingt einen Arzt aufsuchen; dahinter könnten sich ernsthafte Herz- und Lungenprobleme oder Blutarmut verbergen.

➜Beobachten Sie mehrmals täglich Ihren Atem. Fließt er ungehindert bis hinunter in den Bauch? Wenn nicht, sollten Sie sich ein paar Minuten auf Ihren Atem konzentrieren. So kommen Sie auch stressfreier durch den Tag.

➜Erlernen Sie eine entspannende Atemtechnik.

Atemübungen

Atemübungen erlernt man am besten unter der Anleitung eines kompetenten Lehrers. Volkshochschulen und auch Fitnessstudios bieten entsprechende Kurse an. Generell sollte man behutsam mit den Atemübungen umgehen und es am Anfang nicht übertreiben. Derartige Übungen regen nämlich einzelne Organfunktionen ziemlich stark an. Wer jahrelang falsch, das heißt zu flach geatmet hat, kann zunächst Probleme (z.B. Hitzewallungen, Schlafstörungen) bekommen. Insbesondere Menschen mit Herzrhythmusstörungen, Asthma und Schilddrüsenüberfunktion sollten Atemübungen nur nach Rücksprache mit ihrem Hausarzt durchführen.

Eine einfache und gut verträgliche Atemübung ist die folgende »Stöhnübung«. Mit ihr kann man sich nach einem anstrengenden Arbeitstag oder Termin körperlich und seelisch wieder beruhigen und entspannen.

Setzen Sie sich aufrecht auf einen Stuhl, beugen Sie dann den Oberkörper nach vorn und stützen Sie bei gestrecktem Rücken die Unterarme auf die Oberschenkel. Nun atmen Sie »riechend« ein, so als würden Sie an einem guten Parfum schnuppern, und anschließend unter Stöhnen wieder aus. Erspüren Sie dabei die Atembewegung bis in den Rücken hinein. Beim Ausatmen lassen Sie innerlich wie äußerlich los. Das Ausatmen sollte länger als das Einatmen dauern, nach dem Ausatmen sollte eine kleine Atempause erfolgen. Nach vier bis sechs derartigen Atemzügen atmen Sie vertieft aus und »lassen es wieder einatmen«. Dehnen Sie sich nun zum Abschluss und gähnen Sie. Sie werden sich rundum erfrischt fühlen.

In regelmäßigen Abständen: die ultradiane Pause

In den letzten Jahrzehnten sind Wissenschaftler und Ärzte zu der wichtigen Erkenntnis gelangt, dass der Körper uns in bestimmten Abständen wichtige Hinweise gibt, die uns mitteilen wollen, eine Pause zu machen. Es sind Zeichen wie etwa Gähnen, Tagträumen, Nachlassen der Konzentration, Vergesslichkeit, Hunger und Gefühlslabilität. Oft missachten wir jedoch diese Signale und versuchen mit Kaffee, Süßigkeiten, Zigaretten, Alkohol und anderen Aufputschmitteln die Müdigkeit zu bekämpfen. Wer sein Erholungsbedürfnis allerdings ständig missachtet, gerät in Stress, fühlt sich erschöpft und entwickelt eine Vielzahl von psychosomatischen Krankheiten.

Das Gleichgewicht zwischen Aktivität und Ruhe

Viele Menschen erleben regelmäßig im Lauf des Tages eine periodische Veränderung ihrer Leistungsfähigkeit und ebenfalls ihrer Stimmungslage. Die zeitliche Länge der einzelnen Aktivitätszyklen ist bei verschiedenen Menschen sehr unterschiedlich. Grundsätzlich gilt jedoch: Nach einer 90- beziehungsweise 120-minütigen Aktivitätsphase braucht man 20 Minuten Pause. Diese Pause nennen die Forscher ultradiane Pause. Sie ist notwendig, um die körperliche und geistige Leistungsfähigkeit zu erhalten. In dieser Zeit laufen so genannte ultradiane Heilreaktionen ab.

Ergebnisse der Forscher weisen sogar darauf hin, dass alle unsere wichtigen seelisch-körperlichen Systeme, wie beispielsweise das vegetative Nervensystem, das Hormonsystem und das Immunsystem, durch Selbstregulierung über 90- bis 120-minütige grundlegende Ruhe-Aktivitäts-Zyklen verfügen. Das Geheimnis dieser Zyklen liegt in den Botenmolekülen, die Körper und Seele steuern. Sie werden genau in diesen 90- bis 120-minütigen Rhythmen ausgeschüttet. Zu diesen Botenmolekülen gehören Sexualhormone wie Testosteron und Östrogen, Energiefaktoren wie Glukose und Insulin, Stresshormone wie Kortisol und Adrenalin sowie Beta-Endorphin – allesamt Stoffe, die seelische Zustände der Erregung und Entspannung beeinflussen.

Als Faustregel gilt: Nach spätestens 120 Minuten Aktivität brauchen Körper und Geist 20 Minuten Pause zur Regeneration.

Zahlreiche Wissenschaftler halten diese Botenstoffe für die entscheidenden Kommunikationskanäle zwischen dem Körper und der Seele. Diese Stoffe werden auch Informationssubstanzen genannt. Sie sagen uns, wann wir hungrig oder satt, gestresst oder entspannt sind, wann wir Energie freisetzen oder uns ausruhen oder erholen müssen. Sie steuern unseren Energiehaushalt, unsere Schmerzempfindlichkeit, den Sexualtrieb, Durst, Wachheit, Zorn oder Vergnügen – unsere gesamte Befindlichkeit. Sie regeln quasi unsere Tage, unsere Wochen, unsere Monate, ja unser ganzes Leben.

Nun sind wir keinesfalls diesen Botenmolekülen unabänderlich unterworfen. Es ist bekannt, dass Gedanken, Einstellungen, Gefühle die Freisetzung und den Fluss dieser Botenstoffe ebenso beeinflussen können wie diese ihrerseits unser Denken, Fühlen und Verhalten. Bei einem schönen Erlebnis reagiert die Körper-Seele-Einheit, indem sie Botenmoleküle aussendet, die das Gefühl der Freude und des Vergnügens verstärken. Wenn uns ein unangenehmes Erlebnis widerfährt, setzt die Seele-Körper-Einheit Botenstoffe frei, die uns das Gefühl der Traurigkeit und Enttäuschung vermitteln. Kommunikation zwischen Körper und Seele kann also in zwei Richtungen verlaufen.

Die 20-minütigen Regenerationsphasen, die sich jeder Mensch im Lauf des Tages mehrmals gönnen sollte, bauen Körper und Seele wieder auf. In dieser Zeit finden bedeutsame Heil- und Wachstumsprozesse statt. In den Knochen werden in jeder Sekunde Millionen neuer Blutzellen gebildet, die jede einzelne Zelle mit Sauerstoff und Nährstoffen versorgen. Hormondrüsen werden wieder mit Hormonen und Botenmolekülen aufgefüllt. Alle wichtigen Organe tanken ihre Energievorräte nach, um für die nächste aktive Phase unseres Lebens gerüstet zu sein. Der Geist wendet sich in diesen Zeiten stärker nach innen und fängt an, Ereignisse aus der Vergangenheit zu verarbeiten und neue Bedeutung und Erkenntnisse aus ihnen abzuleiten.

Der Organismus reagiert flexibel

Warum hören wir so wenig auf unsere Mach-mal-Pause-Signale? Die Antwort: Die Natur hat unseren Organismus mit einer unglaublichen Anpassungsfähigkeit ausgestattet. Zu Zeiten, als unsere Vorfahren noch in der Wildnis lebten, drohten viele Gefahren, beispielsweise Raubtiere oder Unwetter. Das machte es den damaligen Erdbewohnern unmöglich, alle 90 Minuten einfach alles stehen und liegen zu lassen, um sich ihren ultradianen Rhythmen zu widmen. Daher hat die Evolution biologische Programme variabel gestaltet. Wenn wir zu einer bestimmten Zeit eine besondere Anstrengung unternehmen müssen, dehnen sich die ultradianen Rhythmen so aus, dass unsere geistige Wachheit und körperliche Kraft uns in einer Notsituation das Überleben garantieren. Und das sogar während des 20-minütigen Leistungstiefs. Obwohl wir eigentlich eine Erholungspause einlegen sollten, kann diese Pause ohne Schaden übersprungen werden, vorausgesetzt, wir haben in den übrigen Zeiten unsere Erholungsphasen mit einer gewissen Regelmäßigkeit eingehalten.

Jahrmillionen lebten unsere Vorfahren in direktem Kontakt mit den Rhythmen der Natur. Sie sind bei Sonnenaufgang aufgewacht, haben sich bei Sonnenuntergang zum Schlafen niedergelegt und sich tagsüber immer dann ausgeruht, wenn sie das Bedürfnis dazu verspürten. Diese relativ entspannte Lebensweise erzeugte biologische Reserven und ließ reichlich Raum für die Signale des Körpers. Auch Abweichungen waren somit tolerierbar.

Wenn das Pausensignal überhört wird

Im Lauf der letzten Jahrhunderte hat die Zivilisation solche enormen Fortschritte gemacht, dass wir nicht mehr nach unseren natürlichen Rhythmen, sondern nach den Rhythmen der Gesellschaft leben. Die Anforderungen am Arbeitsplatz, das große Freizeit- und Kulturangebot sowie gewisse Konventionen des sozialen Zusammenlebens zwingen uns zu Zeitabläufen, die unserem natürlichen Bedürfnis nach ultradianer Erholung zuwiderlaufen und von uns immer mehr in immer weniger Zeit abverlangen. Letztlich leben wir permanent in einem Zustand extremer Überstimulation, bis wir schließlich von völliger Erschöpfung überwältigt werden.

Zu schnell wird die leise Stimme in unserem Inneren nach Pause überhört. Und genau hier erweist sich jene Flexibilität des Organismus, die uns ursprünglich das Überleben ermöglicht hat, als ein schädlicher Faktor. Was die Natur als Ausnahmezustand vorgesehen hat, wird zur Regel. Unser moderner Alltag macht es uns zudem immer leichter oder fordert es gar, die inneren Signale unserer ultradianen Heilreaktion zu vernachlässigen und zu missachten. Je weniger wir unsere natürlichen Rhythmen beachten, umso weniger sind sie uns bewusst. Irgendwann haben die meisten Menschen dann den Kontakt zu dem natürlichen Bedürfnis nach körperlicher Regeneration und nach Wiederherstellung des seelischen Gleichgewichts völlig verloren. Doch das angeborene Bedürfnis nach Erholung ist nicht einfach aus unserem biologischen Programm verschwunden, sondern es fängt an, sich in Form von Störungen und Beschwerden zu äußern.

Von Natur aus ist es nicht vorgesehen, dass das Lebewesen Mensch ständig mit einem hohen Pegel an Stresshormonen lebt. Eine Zeit lang können wir das zwar aushalten, aber sobald der Stress chronisch wird, fügen wir uns selbst Schaden zu. Wenn wir uns ständig dazu zwingen weiterzuarbeiten, glaubt der Körper, es gäbe einen wichtigen Überlebensgrund dafür und unterstützt dies, indem er zusätzlich Stressbotenstoffe in Umlauf schickt und

Regenerationsarbeiten aufschiebt. Über kurz oder lang werden wir Opfer des so genannten ultradianen Stress-Syndroms. Hiermit bezeichnet man eine Anzahl von psychosomatischen Symptomen, die unser Leben maßgeblich beeinträchtigen können.

Ultradianer Stress kann beispielsweise zu Störungen führen, die das Gedächtnis und die Lernfähigkeit betreffen. Er kann in Unfällen und Erschöpfungszuständen resultieren, die die Leistungsfähigkeit und das Wohlbefinden empfindlich schwächen. Später entwickeln sich dann die bekannten Stresskrankheiten, wie etwa Herzinfarkt, Schlaganfall, Kopfschmerzen, Rückenschmerzen, Bluthochdruck, Magengeschwüre, Asthma, Hautkrankheiten, Depressionen, Angstzustände, Schlaflosigkeit oder Übergewicht.

Doch glücklicherweise nehmen die Prozesse der Selbstregulation der Körper-Seele-Einheit in dem Augenblick ihre Arbeit wieder auf, in dem wir uns Ruhe und Entspannung gönnen. Es ist also nie zu spät, für mehr Pausen im Leben zu sorgen.

Wenn Sie im Takt Ihres natürlichen Rhythmus leben und arbeiten, können Sie auf ganz natürliche Weise Ihre Leistungsfähigkeit steigern – und gleichzeitig körperlich und seelisch gesund bleiben. Auf dem Gipfel eines ultradianen Zyklus gelingen Ihnen Höchstleistungen: Ihr Denken ist klar und scharf, die Konzentration maximal, intensives Arbeiten klappt mühelos. Sicher haben Sie einen solchen Zustand, in dem »alles wie von selbst« lief, schon erlebt. Nutzen Sie diesen für wichtige Tätigkeiten. Wer sich regelmäßig die 20-Minuten-Pause gönnt, erlebt solche Leistungshochs auf natürliche Weise etwa viermal täglich. Wer dagegen pausenlos durcharbeitet, bringt sich um diese besonders produktiven Phasen und schafft letztlich weniger. Ohne Regeneration erreichen Sie nämlich keinen Leistungsgipfel, sondern nur ein mittelmäßiges Potenzial. Bemühen Sie sich also, im natürlichen Takt Ihres Organismus zu arbeiten, und Sie werden feststellen: Sie schaffen mehr und sparen trotzdem Ihre kostbare Lebensenergie.

Bio-Tipp: Für Pausen sorgen

➔Überlegen Sie, wie Sie Erholungspausen in Ihren Alltag einbauen können, auch wenn es nur ein mehrminütiger entspannter Blick aus dem Fenster ist. Natürlich gibt es Berufe, bei denen für Stunden nicht einmal das möglich ist, zum Beispiel bei Chirurgen oder Piloten. Dann ist darauf zu achten, dass man in der Freizeit Ausgleich durch große und lange Pausen schafft.

Das Gesetz des biologischen Freiraums

Energie muss fließen

In der östlichen Medizin ist der Energiefluss durch den Körper eine anerkannte Größe. Man nennt diesen Energiefluss in China *Qi*, in Indien *Prana* und in Tibet *Lung*. Demnach zirkuliert im gesunden Organismus die Lebensenergie ungestört durch Energiebahnen, so genannte Meridiane. Krankheiten entstehen, wenn der Energiefluss ins Stocken gerät, zum Beispiel durch Stress, Schwäche oder einen falschen Lebensstil.

Die Meridiane verteilen sich wie ein Netz über den ganzen Körper und versorgen alle Organe und Drüsen, beispielsweise Magen, Leber, Milz, Nieren, Bauchspeicheldrüse und Darm, mit Energie. Daneben gibt es noch Sehnen-Muskel-Meridiane sowie Sondermeridiane, zum Beispiel für bestimmte Reflexe, etwa Flucht oder Angriff und Aggression. Über den Meridianen befinden sich auf der Haut zahlreiche Punkte (über 750 sind bisher bekannt), in denen Energie zur Oberfläche geleitet wird oder

Info

Methoden wie Akupunktur, Akupressur, Lymphdrainage und Massagen lösen Blockaden und sind eine Wohltat bei Verspannungen durch Alltagsstress. Wenn Muskeln und Gelenke gelockert sind, arbeitet der Organismus besser und verbraucht keine Zusatzenergie, um sich durch verspannte Partien zu quälen. Gönnen Sie sich daher – nach Absprache mit Ihrem Arzt – eine solche Behandlung.

Umwelteinflüsse aufgenommen werden. Auch die westliche Medizin öffnet sich zunehmend dem Konzept des Energieflusses durch den Körper. Man weiß heute, dass Blockaden – sei es in den Muskeln oder in der Wirbelsäule – die Energieversorgung der Organe behindern können und so zu Beschwerden führen. Das Leben hört auf, wenn es zu einer schwerwiegenden Störung der Energieversorgung kommt.

Ein lebender Organismus ist jedoch keine Maschine. Seine Tätigkeiten werden nicht mechanisch dirigiert, sie sind vielmehr Ausdruck seines Seins. Taten und Bewegungen werden frei gesteuert und folgen bei einem gesunden Organismus einem Gefühl der Befriedigung und der Lust. In einem solchen Zustand funktionieren Stoffwechsel und Energiefluss optimal. Gehen Sie daher mit Freude durch Ihr Leben – Ihre Energie fließt dann automatisch locker durch Ihren Körper.

Nach der Lehre der Bioenergetik (Lehre von der menschlichen Persönlichkeit unter dem Blickwinkel der energetischen Prozesse) besteht eine Beziehung zwischen Energie und Persönlichkeit. Wie ein Mensch mit seiner persönlichen Energie umgeht, wird auch über seine Persönlichkeit entscheiden. Ein impulsiver Typ geht eher verschwenderisch mit seiner Energie um, ein anderer wiederum brennt auf »Sparflamme«. Das ist durch den Charakter bedingt. Am auffälligsten ist ein gedämpfter Energiefluss bei depressiven Menschen. Eine schwer depressive Person bewegt sich beispielsweise wenig, atmet langsam, hat keinen großen Appetit und zeigt einen außergewöhnlich schwachen Sexualtrieb. Ihr fehlt regelrecht die Energie zum Leben.

Den Energiefluss anregen

Wenn auch Sie zu den Menschen mit gedrosseltem Energiefluss gehören, sollten Sie den Faktoren Atmung und Körperbewegung besondere Aufmerksamkeit schenken. Die beste Möglichkeit, wieder zu Energie zu kommen, besteht darin, tief zu atmen. Auf diese Weise steigt die Sauerstoffaufnahme in den Körper. Durch eine tiefe und volle Atmung kann man sich regelrecht mit Energie aufladen. Oft wird die Stimme dann volltönender, das Gesicht lebendiger, die Haut rosiger, der Energiepegel steigt.

Info

Kreisen und Drücken – Wege in den lebendigen Energiefluss

Bei einer Akupressur oder der japanischen Variante, dem Shiatsu, werden mit den Fingerkuppen in kreisend-drückenden Bewegungen druckempfindliche oder schmerzende Punkte behandelt. Der unterschiedlich starke Druck wird einige Sekunden bis mehrere Minuten lang ausgeübt. Eine Behandlung sollte von einem erfahrenen Therapeuten vorgenommen werden, kann aber auch als Selbst- oder Partnerbehandlung erfolgen. Hierzu sollte man sich in einem guten Buch informieren oder einen entsprechenden Kurs besuchen, beispielsweise an der Volkshochschule. Dort erhält man auch Informationen über den Verlauf der verschiedenen Akupressurmeridiane im Körper.

Auch die emotionalen Bewegungen unterstützen den harmonischen Energiefluss durch den Körper. Beobachten Sie einmal Ihre Mitmenschen: Manche unterstreichen ihre Stimmungen durch Gesten und wirken äußerst lebendig. Andere wiederum sind regelrecht steif und machen einen geradezu apathischen Eindruck. Schenken Sie Ihrer Körpersprache mehr Beachtung, drücken Sie Ihre Stimmungen nicht nur durch Worte, sondern auch durch Ihr Mienenspiel und Ihre Gestik aus. Und vor allem: Lachen Sie! Dadurch gerät Ihre Energie in einen lebendigen Fluss, und Sie werden sich wach und munter fühlen.

Bio-Tipp: Lachen Sie sich frei!

➜Lachen löst auf natürliche Weise Energieblockaden im Körper und schenkt zudem eine unwiderstehliche Ausstrahlung. Ein richtiger Lachanfall wirkt wie Gesichtsjogging. 17 Gesichtsmuskeln werden beansprucht, der Körper wird stark durchblutet und das Zwerchfell entkrampft. Im Vergleich zum normalen Atmen nimmt der Körper die drei- bis vierfache Menge an Sauerstoff auf. Außerdem schüttet das Gehirn Glückshormone aus. Eine einzige Minute heftiges Prusten hinterlässt die gleiche Wirkung wie 30 Minuten Entspannungstraining.

Lassen Sie die Botenstoffe arbeiten

Wer morgens froh gelaunt und munter aufwacht, den ganzen Tag über ausreichend Energie für seine zu bewältigenden Aufgaben verfügt, unter keinen körperlichen Beschwerden leidet, am Abend eine normale Müdigkeit verspürt und dann gut schlafen kann, dessen Organismus befindet sich im physiologischen Gleichgewicht – dem normalen und gesunden Zustand des Körpers. Seine Energie fließt harmonisch durch den Körper.

Entscheidend für das reibungslose Funktionieren unseres Körpers sind die Hormone. Hormone sind Substanzen, die in verschiedenen Drüsen und Geweben produziert werden und in winzigsten Konzentrationen Reaktionen des Körpers hervorrufen. Sie sind die »Drahtzieher des Lebens« und ein wichtiges Kommunikationsmittel im Organismus. Sie bestimmen Überlebensvorgänge wie Hunger, Durst oder Fortpflanzung, rufen psychische Regungen wie Niedergeschlagenheit, Herzklopfen, Trauer, Wut oder Glücksgefühle hervor, entscheiden, ob Sie dick oder dünn sind, eine fette oder trockene Haut haben, ob Sie gut einschlafen können oder nicht, und über vieles mehr. Letztlich hören alle Organe auf das Kommando der Hormone. Die Ausschüttung und die Verteilung der Hormone wird sorgfältig gesteuert und kontrolliert.

Ob wir uns wohl fühlen oder nicht, hängt also in hohem Maß davon ab, ob das richtige Hormon in der richtigen Konzentration am richtigen Ort ist. Auch wenn die Hormonbilanz in der Summe stimmen muss, gibt es doch einige Hormone, die mehr für Ihr Wohlbefinden tun können als andere, so genannte Wohlfühl- oder auch Faulheitshormone. Wie Sie gleich lesen werden, ist biologische Faulheit gerade für Ihre Wohlfühlhormone günstig.

Wohlfühlhormone

Hormon	Bildungsort	Das können Sie dafür tun	Wirkung
Dehydroepiandrosteron (DHEA)	Nebennierenrinde, Gehirn	Stress vermeiden	Basishormon für Wohlbefinden; Ausgangsstoff aller Wellnesshormone; Fitmacher für das Gehirn; Antistressfaktor
Endorphine	Gehirn und verschiedene andere Körperteile	Sport, Sex	Glückshormone
Serotonin	Gehirn	Sonnenlicht, Snack aus Eiweiß und Kohlenhydraten essen	Gute-Laune-Hormon
Östrogene	Eierstöcke	Sonnenlicht, Sex	Stabilisieren das seelische Gleichgewicht der Frau; Schönheitshormone
Testosteron	Hoden	Sonnenlicht, Sport, Sex	Fördert männliches Temperament, Selbstbewusstsein, Mut und erzeugt Lust auf Liebe (bei beiden Geschlechtern)
Oxytocin	Hirnanhangsdrüse	Schmusen, Hautkontakt	»Kuschelhormon«; erzeugt ein Gefühl von Geborgenheit und Nähe
Thyroxin, Trijodthyronin	Schilddrüse	jodhaltige Kost (Fische und Meerestiere)	Halten den Stoffwechsel im Lot, sorgen für körperliche und seelische Ausgeglichenheit

Faul mit Hormonen

Wenn Ihre Hormone richtig arbeiten, sind Sie auf dem besten Weg, ein biologischer Egoist zu werden. Hormone sind ein guter Indikator dafür, wie sehr Sie im Alltag auf die Bedürfnisse Ihres Körpers achten. Es ist nämlich nicht möglich, für den Hormonhaushalt so gezielt zu essen wie beispielsweise bei Vitamin- und Mineralstoffmängeln. Die Hormonbildung lässt sich ferner auch nicht durch bestimmte Nahrungsmittel oder Fitnessübungen stimulieren. Hormone profitieren vielmehr von einer in der Summe stimmenden Lebensweise – einer Lebensweise, die den biologischen Notwendigkeiten Rechnung trägt. Dann fühlen Sie sich rundum wohl, die Energie strömt leicht durch Ihren Körper. Das ist biologische Faulheit pur. Wie Sie das schaffen, verraten Ihnen die folgenden Bio-Tipps.

Bio-Tipp: So helfen Sie den Hormonen auf die Sprünge

➔Ernähren Sie sich vollwertig und ausgewogen. Machen Sie keine einseitigen Diäten. Feinde Ihrer Hormone sind Zucker, zu fettes Essen, zu viel Alkohol und Rauchen. Sie bringen damit über kurz oder lang Ihren Hormonhaushalt aus dem Lot.

➔Um dem Gute-Laune-Hormon Serotonin und dem Schlafhormon Melatonin auf die Sprünge zu helfen, empfiehlt es sich, Eiweiß und Kohlenhydrate in den Mahlzeiten zu kombinieren. Bereits mit der ersten Nahrung am Morgen wird im Gehirn ein biologisches Montageband angeworfen, das Serotonin produziert. Die Bausubstanz hierfür stammt aus dem Eiweiß (die Aminosäure Tryptophan), das Produktionstempo wird aber durch die

Kohlenhydrate im Essen bestimmt. Bei Dunkelheit wird aus Serotonin Melatonin gebildet.

➜Bauen Sie regelmäßig squalenhaltige Nahrungsmittel (Oliven, Avocados, Auberginen, Käse, Thunfisch) in Ihren Speiseplan ein. Daraus stellt der Körper das Wellnesshormon DHEA her. Ideal ist eine tägliche Portion mit Olivenöl angemachter Salat.

➜Achten Sie auf reichlich Mineralstoffe in der Nahrung. Die Enzyme, die Hormone synthetisieren, arbeiten dann besser. Mineralstoffreich sind Obst und Gemüse, Milchprodukte und Getreideerzeugnisse.

➜Nehmen Sie genügend Vitamin C zu sich. Viele Hormone benötigen dieses Vitamin zu ihrer Bildung. Gute Vitamin-C-Lieferanten sind frisches Obst und Gemüse. Meist reicht die Ernährung für eine Bedarfsdeckung jedoch nicht aus – vor allem im Winter oder bei einer Krankheit. Hier empfiehlt sich die Einnahme von Kalziumascorbat-Kapseln (an Kalzium gebundenes Vitamin C; in dieser Form ist Vitamin C besonders gut verträglich und wird optimal vom Körper aufgenommen).

➜Beugen Sie einem Magnesiummangel vor. Viele Hormone wirken über Reaktionsketten, die auf Magnesium angewiesen sind. Viel Magnesium ist in Kakao, Milch, Nüssen und magnesiumreichen Mineralwässern enthalten.

➜Essen Sie genügend hochwertiges Eiweiß (Getreide, Fleisch, Fisch). Die meisten Hormone kurbeln in der Zelle die Produktion von Proteinen, meist Enzymen, an. Das funktioniert nur, wenn ausreichend Baustoffe, also Aminosäuren, zur Verfügung stehen.

➜Vermeiden beziehungsweise reduzieren Sie Übergewicht. Untersuchungen ergaben: Übergewichtige neigen eher zu Hormonstörungen als Normalgewichtige.

➾Nehmen Sie ein- oder mehrfach ungesättigte Fettsäuren zu sich. Diese kommen in allen Pflanzenölen und im Fischöl vor. Als Faustregel gilt: Täglich ein mit gutem Pflanzenöl (am besten Olivenöl) angemachter Salat und zweimal in der Woche Fisch. Untersuchungen haben erbracht, dass diese Fettsäuren für den Hormonhaushalt günstig sind.

➾Bringen Sie Rhythmus in Ihr Leben. Hormone lassen sich zur Regelmäßigkeit erziehen und geraten aus dem Takt, wenn Ihr Leben zu chaotisch verläuft. Bemühen Sie sich daher um eine gewisse Routine im Alltag. Ständige Umtriebigkeit und ein unkonventionelles und ungeregeltes Leben mögen zwar spannend sein, doch für das hormonelle Gleichgewicht sind die Folgen eher negativ (z.B. Zyklusverschiebungen bei Stewardessen und Künstlerinnen). Regelmäßigkeit gilt besonders für den Zeitpunkt der Mahlzeiten und die Schlafenszeit. Ein ausgewogener Hormonhaushalt ist immer das Ergebnis einer ausgewogenen Lebensführung.

➾Setzen Sie sich den natürlichen Reizen wie Tageslicht, Temperaturschwankungen, Wind und Wetter aus. Sie trainieren damit auf sanfte Weise die Anpassungsfähigkeit Ihres Hormonhaushalts.

Info

Gehen Sie möglichst jeden Tag (auch an Wochenenden und Feiertagen) zur gleichen Zeit ins Bett und stehen Sie zur gleichen Zeit wieder auf. Während Verschiebungen um eine Stunde vom Organismus noch gut toleriert werden, bringen größere Abweichungen von der gewohnten Schlafenszeit unsere innere Uhr aus dem Takt.

→Beachten Sie, dass gerade die Faulheitshormone sehr gut auf äußere Reize ansprechen. So wirkt sich regelmäßiges Sonnenlicht günstig auf das gesamte hormonelle Geschehen im Körper aus. Und für Ihre Sexualhormone können Sie nichts Besseres tun, als sich der Lust und Liebe häufig hinzugeben.

→Vermeiden Sie Dauerstress. Sie bremsen damit vor allem das Wellnesshormon DHEA aus und wirbeln langfristig die Hormonproduktion im Körper durcheinander.

→Weinen Sie, wenn Ihnen danach zumute ist. Forscher haben festgestellt: Tränen spielen eine wichtige Rolle bei der Aufrechterhaltung des emotionalen Gleichgewichts. Mit den Tränen fließen Stresshormone ab, gleichzeitig wird die Bildung körpereigener Beruhigungsmittel (endogene Opiate) stimuliert. Eine weitere Erkenntnis: Menschen, die häufiger weinen, leiden seltener an Magengeschwüren und leben überdies länger.

→Wenn Sie sich trotz »hormonfreundlicher« Lebensweise längere Zeit nicht wohl fühlen, lassen Sie bei einem Arzt Ihren Hormonstatus bestimmen. Möglicherweise müssen Hormone ergänzt werden. Auch so manchen Altersbeschwerden lässt sich durch eine gezielte Hormonsubstitution vorbeugen. Suchen Sie sich einen erfahrenen Anti-Aging-Mediziner.

Öffnen Sie Ihre Energiekanäle

Die Natur hat den Menschen mit Sinnesorganen ausgestattet, mit denen er seine Umwelt erfassen und wahrnehmen kann. Wir können sehen, hören, riechen, fühlen und schmecken. Daneben empfinden wir Kälte und Wärme, spüren Schmerzen und besitzen einen Gleichgewichtssinn. Durch die Vielzahl an Eindrücken werden unsere Sinnesorgane täglich bis an die Grenzen ihrer Leistungsfähigkeit gefordert. Außerdem sind sie immer im Einsatz. So entsteht oft ein Chaos von Sinneseindrücken, das uns ordentlich Energie raubt.

Wie viel Kraft oder Energie eine nicht enden wollende Flut von Sinneseindrücken kosten kann, erlebt man auf jedem größeren Jahrmarkt oder einer Messe: Pausenlos wird man mit Lichtimpulsen bombardiert, hört alle paar Meter eine andere Musik, riecht immer wechselnde Essensdüfte und wird im Gedränge unsanft geschubst. Nach einiger Zeit fühlt man sich total geschafft, obwohl man weder körperlich noch geistig bewusst aktiv war. Die Sinnesorgane hatten Superstress! Diese Überlastung kann so weit gehen, dass Stresshormone ausgeschüttet werden.

Unsere Sinnesorgane sind wie ein Tor zur Welt. Sie versorgen uns mit lebenswichtigen Informationen über die Umwelt und warnen uns vor Gefahren. Doch durch dieses Tor können wir auch viel Energie verlieren.

Unsere Sinne können allerdings auch zum mächtigen Energiekanal werden, wenn wir sie typgerecht auslasten. Normalerweise ist der Mensch dazu geschaffen, die Welt zu genießen. Unsere Sinne sind ein Führer zu positiven Erfahrungen, die das Leben reicher machen. So vermitteln viele Empfindungen ein Glücksgefühl, denken Sie nur an den Geschmack einer köstlichen

Frucht, den angenehmen Duft eines guten Parfums oder die Wonne einer zärtlichen Berührung.

Doch unser Dasein hat sich gewandelt und macht es den angenehmen Sinneseindrücken schwer. Hochhäuser versperren den Blick auf den Sonnenuntergang. Abgase statt Blumenduft und Straßen- oder Diskolärm statt Vogelgezwitscher. Die synthetischen Lebensmittel aus dem Supermarkt haben wenig mit dem kräftigen Geschmack natürlicher Produkte zu tun, für den unsere Sinne eigentlich ausgerüstet sind. So bekommen wir nicht einmal das tägliche Minimum an Sinnesfreude, das für unsere seelische Gesundheit erforderlich wäre.

Sie können aber Ihre Sinnesorgane regenerieren, indem Sie ihnen regelmäßig Faulheit verordnen. Faulheit für die Sinne heißt, diese naturgemäß einsetzen und ihre Sensibilität für natürliche Impulse wieder zu schulen. Mit dem folgenden Programm machen Sie aus einem einfachen Spaziergang eine sinnliche Ganzkörpererfahrung.

Der Spaziergang der Sinne

Gehen Sie hinaus in die Natur – in einen Park, einen Wald oder am besten ins Gebirge. Achten Sie darauf, nicht von zu vielen Menschen umgeben zu sein. Setzen Sie nun jedes Sinnesorgan ganz bewusst ein.

- **Nase:** Der Mensch ist in der Lage, bis zu 4000 verschiedene Gerüche wahrzunehmen. Damit ein Stoff gerochen werden kann, müssen gasförmige Bestandteile mit der Einatemluft zu den Riechfeldern in der Nase gelangen und sich dort an einen Rezeptor anlagern. Hier lösen sie einen elektrischen Impuls aus. Über die Riechnerven wird dieser Impuls zum Gehirn weitergeleitet, und dort entsteht dann die Sinneswahrnehmung. Der betreffende Gehirnbereich ist auch für die Gefühle zuständig, weshalb wir mit Gerüchen häufig irgendwelche Erinnerungen verbinden. Setzen Sie nun Ihre Nase bewusst ein. Schnuppern Sie die Luft, wonach riecht es gerade? Nach frischem Grün, nach vermodernden Blättern, nach einem Tier, nach Pilzen, nach Erde? Riechen Sie die Unterschiede der Tages- und Jahreszeiten. Je bewusster Sie Ihre Nase einsetzen, desto mehr Gerüche werden Sie wahrnehmen. Besonders aromatisch ist die Luft übrigens bei Regenwetter. Spüren Sie, wie beruhigend die Naturdüfte sich auf Ihre Verfassung auswirken.

- **Augen:** Fast 40 Prozent aller Informationen unserer Umgebung nehmen wir über die Augen wahr. Wir können hell und dunkel unterscheiden, Farben erfassen und auch ein räumliches Bild unserer Umwelt erhalten. Das Auge kann bis zu 15 Bilder pro Sekunde differenzieren. Setzen Sie nun Ihre Augen bewusst ein. Was sehen Sie? In einem Wald werden Sie anfangs nur Bäume und Blätter wahrnehmen. Nach einiger Zeit fällt Ihnen die Form der Blätter auf, Sie erkennen einzelne Farbunterschiede. Achten Sie auf die Farben der Natur und des Himmels und auf den Einfluss der Sonne. Wenn Sie Brillenträger sind, nehmen Sie ruhig einmal Ihre Sehhilfe ab und nehmen Sie die Welt »mit bloßen Augen« wahr. Sie werden feststellen, dass Sie mehr sehen, als Sie Ihren Augen zugetraut haben. Zugleich können Sie damit Ihre Sehkraft stärken.
- **Ohren:** Das Hörorgan gehört zu den feinsten und verletzlichsten Strukturen im Körper. Deshalb liegt das Innenohr gut geschützt im Schädel. Auf das Ohr eintreffende Schallwellen werden von der Ohrmuschel aufgenommen und durch den

äußeren Gehörgang zum Trommelfell geleitet. Das Trommelfell wird in Schwingungen versetzt, diese werden in elektrische Nervenimpulse umgewandelt und weitergeleitet. Über Nervenbahnen entstehen im Gehirn dann die verschiedenen Höreindrücke. Setzen Sie nun bewusst Ihre Ohren ein. Nehmen Sie die Geräusche in Ihrer Umgebung wahr. Raschelt es im Gras, flüstert der Wind in den Bäumen, singt ein Vogel oder murmelt leise ein Bach? Achten Sie auf Veränderungen der Geräusche. Wasserrauschen kann lauter oder leiser, höher oder tiefer werden. Mit der Zeit werden Sie immer differenziertere Wahrnehmungen machen. Sie können auf diese Weise sogar Hörschäden wie Tinnitus vorbeugen.

Je öfter und ausgiebiger Sie solche Spaziergänge für die Sinne genießen, desto mehr Kraft tanken Sie aus der Natur und umso erholter fühlen Sie sich. Wenn Sie Ihre Sinnesorgane wieder auf natürliche Impulse programmieren, werden diese aber auch sensibler, so dass Sie sie automatisch vor Überlastung wie einer dauernden Geräuschkulisse schützen werden. Der beste Weg, um vorzeitigen Verschleißerscheinungen an diesen wertvollen Organen wirksam vorzubeugen!

Power-Faktoren im Alltag

Zugegeben, es ist nicht leicht, im Strom des Lebens Ruhe zu bewahren. In zu schneller Folge überrollen uns äußere Ereignisse und hindern uns daran, faul zu sein und unsere biologischen Bedürfnisse zu befriedigen. Doch je ausgeprägter Ihr biologischer Egoismus ist, desto weniger kann Ihnen der Alltag Kraft und Energie rauben.

Die Musikindustrie hat die Natur als Kraftquelle für die Sinne erkannt und verkauft CDs mit Naturgeräuschen zur Entspannung.

Bei körperlicher Arbeit oder einer intensiven sportlichen Belastung kann der Energiebedarf der beanspruchten Muskulatur bis auf das Zweihundertfache des Ruhewertes ansteigen. Das führt zu einer entsprechenden Erhöhung des Sauerstoff- und Energiebedarfs. Um diesen gesteigerten Bedarf zu decken, müssen sich alle Versorgungssysteme des Körpers anpassen: Das Herz muss rascher und kräftiger schlagen, die Atmung muss tiefer und schneller erfolgen, die Gefäße der Muskulatur müssen sich erweitern, Energieträger müssen bereitgestellt werden. Alle diese Anpassungsvorgänge werden über das vegetative Nervensystem geregelt. Es reagiert über Reflexe sekundenschnell auf Impulse, die von den einzelnen Organen ausgehen, und nimmt die notwendigen Veränderungen vor. Gesteuert werden diese Impulse über die bereits angesprochenen Stresshormone, die Katecholamine Adrenalin und Noradrenalin.

Der Puls als Indikator für Energieverschwendung

Nun kommt es aber auch durch emotionale Belastungen zur Freisetzung von Katecholaminen und den geschilderten Veränderungen. Das bedeutet: Ohne tatsächlichen Mehrbedarf an Energie durch körperliche Arbeit wird der Körper »hochgefahren« und auf die Überholspur gebracht. Das ist pure Energieverschwendung. Oft sind uns solche »Lecks« in der Lebensbatterie gar nicht bewusst. Eine gute Möglichkeit, hier Abhilfe zu schaffen: Führen Sie sich den angeheizten Stoffwechsel bildlich vor Augen, indem Sie Ihren Puls messen. Bei einem gesunden Erwachsenen schlägt das Herz in Ruhe rund 60- bis 80-mal in der Minute, bei Kindern 90- bis 100-mal und im hohen Alter 70-bis 90-mal. Eine Pulsbeschleunigung tritt bei jeder körperlichen Anstrengung oder bei seelischer Erregung sowie bei vielen Krankheiten (z.B. bei Fieber) ein.

Wenn das Blut aus der linken Herzkammer in die Hauptschlagader (Aorta) getrieben wird, entsteht eine Druckwelle, die die Wände der Arterien kurzfristig dehnt. Diese Pulswelle kann man mit den Fingern an oberflächlichen Arterien, zum Beispiel am Handgelenk oder an den Schläfen tasten. Beim Sport ist es schon lange üblich, die Herzfrequenz mit einer Pulsuhr zu messen. Im Handel sind mittlerweile eine Vielzahl solcher Herzfrequenz-Messgeräte erhältlich (z.B. in Sportgeschäften). Man trägt sie wie eine Uhr am Handgelenk. Die Übermittlung des Pulsschlags erfolgt drahtlos durch zwei kleine Sensoren, die um die Brust angelegt werden.

Tragen Sie ein solches Gerät einmal im Alltag. Sie werden überrascht sein, wie häufig Ihr Puls nach oben geht – selbst wenn

Sie gar keine Extraportion Energie benötigen, sondern beispielsweise nur vor dem Computer sitzen oder ein Telefongespräch führen. Wenn Ihnen auf diese Weise Ihre Pulsbeschleunigung offenkundig wird, fangen Sie automatisch an nachzudenken, wie sich solche Energieverluste in Zukunft vermeiden lassen. Sie werden buchstäblich einen Gang runterschalten.

Falls Sie ängstlich und um Ihre Gesundheit besorgt sind, sollten Sie sich vor einem solchen Experiment von einem Arzt untersuchen lassen. Dann muss es Sie nicht beunruhigen, wenn Ihr Puls plötzlich zu rasen beginnt – was durchaus irritieren kann. Sie können Ihren Puls auch mit den Fingern am Handgelenk selbst ertasten. Wenn Sie dies öfter tun, werden Sie merken, dass sich der Puls in verschiedenen Situationen etwas anders anfühlt. Beispielsweise ist er bei entspannender Musik klar und voll, unter Hektik dagegen eher undeutlich zu spüren. In der chinesischen Medizin stellt der Pulsschlag ein wichtiges diagnostisches Hilfsmittel dar.

Bedenken Sie: Jeder Vorgang im Körper kann nur begrenzt häufig wiederholt werden (siehe auch Seite 78). Das gilt auch für den Herzschlag. Überlegen Sie also immer, ob Sie sich wirklich unnötige Herzschläge leisten können oder wollen!

Energieinseln im Alltag schaffen

Mittlerweile werden Sie die Gesetze der biologischen Faulheit so weit verinnerlicht haben, dass Ihnen sicher schon einige Ideen gekommen sind, wie Sie es sich im Alltag etwas leichter machen können. Sie müssen gar keine großen Veränderungen vornehmen, es genügt, wenn Sie sich kleine Energieinseln schaffen. Das sind die wahren »Goldminen« in Ihrem Leben, aus denen Sie Kraft und Energie schöpfen.

Business-Yoga

Yoga-Übungen sind ein hervorragender Weg, wieder in die eigene Mitte zu kommen. Wer nur wenig Zeit erübrigen kann, wird für die folgenden Übungen sicher Raum in seinem Alltag finden.

- **Schütteln:** Stellen Sie sich ohne Schuhe hin, die Füße eine Handbreit auseinander. Spüren Sie, wie Sie im Leben stehen: Stehen Sie aufrecht, schwanken Sie oder ist Ihr Körper nach vorn oder hinten geneigt? Erfühlen Sie mit den Fußsohlen den Boden und »verwurzeln« Sie sich mit dem Untergrund. Fangen

> **Info**
>
> **Achten Sie auf Ihren Atemrhythmus!**
> Auch der Atem gibt Auskunft darüber, wie schnell die Energie durch den Körper fließt. Durch Zählen der Hebungen oder Senkungen des Brustkorbs oder einfach durch Zählen des Ein- und Ausatmens erhält man Aufschluss über die Atemfrequenz. Ein- und Ausatmen zusammen gelten als ein Atemzug. Ein Erwachsener atmet in Ruhestellung durchschnittlich 18-mal in der Minute. Bei körperlicher oder seelischer Belastung erhöht sich die Atemfrequenz. Achten Sie im Alltag bewusst auf Ihre Atemzüge, nehmen Sie Häufigkeit und Tiefe wahr und versuchen Sie langsam und tief zu atmen (siehe auch Seite 122ff.).

Sie nun an, den Körper nach unten auszuschütteln, indem Sie leicht in die Knie gehen und die Arme nach unten schütteln. Machen Sie die Bewegung zunächst ganz langsam, dann etwas schneller. Lassen Sie auch im Gesicht los. Spüren Sie, wie aller Ballast von Ihnen abfällt und Sie ruhiger und gelassener werden. Machen Sie diese Übung etwa 10 Minuten lang. Sie eignet sich auch sehr gut als Lockerungsübung vor einem wichtigen Gespräch oder als Einschlafhilfe vor dem Zubettgehen.

- Gehirn reinigen: Diese Übung können Sie an Ihrem Schreibtisch machen. Legen Sie Daumen und Mittelfinger Ihrer rechten oder linken Hand auf die Nasenflügel und den Zeigefinger über die Nasenwurzel zwischen die Augen. Verschließen Sie mit dem Finger ein Nasenloch und atmen Sie durch das andere tief ein. Verschließen Sie nun auch dieses und halten Sie die

Info

Machen Sie regelmäßig Urlaub

Regelmäßiger und vor allem sinnvoll genutzter Urlaub kann viel dazu beitragen, das biologische Gleichgewicht wiederherzustellen. Im Urlaub sollte man sich auf seine ureigensten Bedürfnisse besinnen. Fragen Sie sich: Was tut mir gut? Suche ich Geselligkeit oder möchte ich Sport treiben? Soll es ein Kulturtrip sein oder möchte ich einfach einmal gar nichts tun? Ein richtig geplanter Urlaub sollte die sonst im Alltag zu kurz kommenden Faktoren ergänzen. Er wird dann erholsam sein, wenn Sie sich in dieser Zeit das geben, was Körper und Seele gerade brauchen.

Luft an. Spüren Sie, wie der Atem hinter Ihrer Stirn kreist. Öffnen Sie nun das andere Nasenloch und atmen Sie tief durch dieses aus. Wiederholen Sie den Vorgang in umgekehrter Reihenfolge. Wenn Sie diese Übung ein paar Mal durchgeführt haben, wird sich Ihr Kopf klar und frei anfühlen.

- Augen entspannen: Setzen Sie sich so bequem wie möglich auf einen Stuhl, stützen Sie die Ellbogen auf. Schließen Sie nun die Augen und bedecken Sie diese mit den Händen, wobei Sie die Hände teilweise überkreuzen. Pressen oder drücken Sie die Augen aber nicht. Konzentrieren Sie sich auf die Wärme, die Sie in den Augen spüren, und die Schwärze, die Sie sehen. Machen Sie diese Übung 10 bis 30 Minuten täglich, idealerweise mehrmals. Ihre Augen und der ganze Körper werden dadurch viel entspannter.
- Baumstellung: Der Baum ist ein Symbol des Lebens. Seine Wurzeln reichen oft tief in die Erde, während seine Krone dem Licht des Himmels zugewandt ist. Ein gesunder Baum strahlt Kraft, Energie und Harmonie aus. Durch die Baumhaltung können wir uns energetisch aufladen und wieder zu Harmonie finden. Stellen Sie sich ohne Schuhe gerade hin. Erfühlen Sie mit den Fußsohlen den Boden und »verwurzeln« Sie sich mit dem Untergrund. Nehmen Sie eine aufrechte entspannte Haltung ein. Verlagern Sie nun das Körpergewicht auf den linken Fuß. Dann stellen Sie den rechten Fuß mit dem Ballen auf den Spann des linken Fußes, wobei die rechte Ferse nach links schaut. Bleiben Sie mit der Erde verwurzelt, legen Sie die Hände vor der Brust zusammen, nehmen Sie sie langsam über den Kopf und weiter nach oben, als ob Sie den Himmel berühren wollten. Bleiben Sie einige Minuten in dieser Haltung und at-

men Sie bewusst tief und langsam. Wiederholen Sie dann die Übung auf der anderen Seite.

- **Schultergelenk lockern:** Auch diese Übung können Sie im Büro zwischendurch machen. Stellen Sie sich mit leicht gespreizten Beinen aufrecht hin, nehmen Sie die Arme nach oben und stellen Sie die Finger auf die Schultern, wo sie während der Übung bleiben. Die Oberarme sind möglichst waagrecht. Bewegen Sie nun im Wechsel die Oberarme so weit wie möglich zurück und nach vorn vor der Brust zusammen. Atmen Sie beim Zurückgehen ein, bei der Vorwärtsbewegung aus. Führen Sie diese fließende Bewegung mehrmals durch und lassen Sie den Atem immer tiefer werden. Sie weiten damit den Brustkorb, aktivieren die obere Rückenmuskulatur und vertiefen die Bauchatmung.
- **Nacken bewegen:** Lassen Sie im Sitzen den Kopf nach vorn auf die Brust sinken. Bewegen Sie nun mehrmals sanft den Kopf nach rechts und nach links. Spüren Sie, wie Ihre Nackenmuskulatur sich lockert.
- **Schwimmen am Schreibtisch:** Setzen Sie sich gerade in Ihren Stuhl. Machen Sie nun mit den Armen die Schwimmbewegung. Führen Sie die Bewegung langsam und bewusst aus. Sie lockern damit die Arm- und Schultergelenke sowie den oberen Rücken.

Fitness mit Spaßfaktor

Wenn Sie wirklich kaum Zeit in Ihr Sportprogramm investieren wollen (oder können), dann versuchen Sie es einmal mit Sportarten, die bereits unseren Großeltern Spaß gemacht haben: Seilspringen, Trampolin und Hula-Hoop.

Seilspringen: Hüpfen Sie sich bei geöffnetem Fenster in Hochform – wann immer Sie Lust oder Gelegenheit haben (denken Sie aber wegen der möglichen Lärmbelästigung an die Uhrzeit und Ihre Nachbarn!). Bereits nach 5 bis 10 Minuten verbessert sich die Durchblutung und werden Müdigkeit und Kreislaufbeschwerden vertrieben. Ein Stück Teppichboden, ein gutes Seil aus Hanf mit festen Griffen und gegebenenfalls ein paar Turnschuhe reichen aus. Sie können natürlich auch barfuß hüpfen.

Hula-Hoop: Einen Hula-Hoop-Reifen bekommen Sie heute in jedem guten Sportgeschäft. Lassen Sie den Reifen um Taille und Becken kreisen – das erfordert natürlich einige Übung. Dadurch halten Sie Ihre Wirbelsäule geschmeidig und schaffen einen guten Ausgleich zu einer sitzenden Tätigkeit. Wenn Sie täglich morgens und abends den Reifen 5 bis 10 Minuten um Ihren Körper rotieren lassen, werden Sie bald spüren, wie die Energie besser durch die Wirbelsäule fließt. Nicht zuletzt ist Hula-Hoop auch eine hervorragende Möglichkeit, sich eine schlanke Taille zu bewahren.

Trampolinspringen: Ein weiterer Sport-Quickie mit Spaßfaktor ist Trampolinspringen auf einem Minitrampolin (etwa 1 m Durchmesser, 20 cm hoch), das Sie in guten Sportgeschäften erhalten. Hüpfen Sie täglich morgens und abends sanft darauf. Sie lockern auf diese Weise Ihre Muskeln, bringen den Kreislauf in Schwung und verbessern die Herz- und Lungentätigkeit – gleichzeitig wird der Bewegungsapparat geschont. Beim Trampolinspringen lassen sich außerdem hervorragend Aggressionen abbauen.

Zeit für sich selbst

Reservieren Sie jeden Tag eine Zeitspanne nur für sich, genauso wie Sie einen wichtigen Geschäftstermin freihalten. Das können zehn Minuten sein, ein Stündchen oder auch zwei. Genießen Sie in dieser Zeit das, worauf Sie Lust haben: ein gutes Buch lesen, meditieren, sich einen Saunabesuch gönnen, spazieren gehen, eine Ausstellung anschauen – oder einfach nichts tun und faul sein. Sie werden schnell die wohltuende Wirkung dieser Mini-Auszeit spüren und dafür immer Platz in Ihrem Terminkalender finden.

Am Wochenende (Regen!) ist die beste Gelegenheit, die regelmäßige Mini-Auszeit auch einmal auf einen ganzen Tag auszudehnen. Nach einem »Faulheitstag« werden Sie sich wie nach einem kurzen Urlaub fühlen.

Die dynamische Kraft der Faulheit

Faulheit macht reich

Ein Leben nach den Gesetzen der Faulheit schenkt Ihnen ein kostbares Gut, nämlich Lebensjahre und damit Zeit! Geld können Sie in praktisch jedem Lebensstadium vermehren, durch beruflichen Erfolg, eine geschickte Investition an der Börse oder durch pures Glück, wie etwa einen Gewinn. Nicht so mit Ihrer Zeit. Einmal ausgegeben, kann sie nicht wieder zurückgeholt werden. Wer jedoch das Prinzip der biologischen Faulheit praktiziert, erwirkt sich zusätzliche Lebensjahre. Und mit diesem Gut sollten Sie behutsam umgehen.

Die Entdeckung der Langsamkeit

Zeit ist nichts Greifbares und doch bestimmt sie dramatisch unser Leben. Die einen versuchen die Zeit totzuschlagen, die anderen wollen sie managen. Vor zehn oder fünfzehn Jahren standen Seminare hoch im Kurs, in denen man lernen konnte, in immer kürzerer Zeit immer mehr Arbeit zu erledigen. Heute erkennt man zunehmend, dass das hohe Tempo des modernen Lebens einen hohen Preis fordert. Viele Seminarleiter sehen bereits in dem Begriff »Zeitmanagement« einen entscheidenden Denkfehler. Zeit lasse sich nicht managen. Organisieren oder verändern könne man im Grunde nur sich selbst. Auf der Suche nach einem anderen Umgang mit der persönlichen Zeit darf es deshalb nicht in erster Linie um eine optimierte Zeiteinteilung und -planung gehen. Sensibilisierung statt Rationalisierung lautet die Devise unserer Zeit. Nur wer seine Zeitprobleme als solche erkennt und anerkennt, kann auch etwas ändern. Ein Prozess, der allerdings wiederum Zeit braucht und der darüber hinaus ein liebevolles Verhältnis zu sich selbst und zur eigenen Zeit erfordert.

Konzentration auf das Wesentliche

Der renommierte Zeitmanagementexperte Prof. Dr. Lothar J. Seiwert hat das Konzept der Lebenshüte entwickelt. Er vergleicht jede Rolle, die wir im Berufs- und Privatleben einnehmen, mit einem Lebenshut, den wir tragen. Häufig hat man im Beruf mehrere Hüte gleichzeitig auf, etwa als Gruppenleiter, Führungskraft, Projektleiter. Auch im Privatleben tragen wir mehr als nur einen Hut, beispielsweise als Ehemann/frau, Vater, Mutter, Hobbykoch, Nachbar, Vereinsmitglied, Freund oder Freundin. Professor Seiwert sieht den Hauptgrund, warum die Menschen heutzutage mit ihrer Zeit Probleme haben und mit hoher Drehzahl durchs Leben jagen, darin, dass sie auf zu vielen Hochzeiten tanzen und sich mit zu vielen Dingen auf einmal beschäftigen. Berufs- und Privatleben geraten rasch aus der Balance, wenn man sich von seinen zahlreichen beruflichen Aktivitäten und Prioritäten so sehr vereinnahmen lässt, dass Gesundheit, Familie, persönliche Kontakte, kulturelle Interessen und Hobbys schlichtweg auf der Strecke bleiben.

Dabei wächst bei vielen Menschen seit einigen Jahren immer stärker der Wunsch nach einer höheren Zeitqualität, das heißt, mehr Zeit zu haben für sich selbst, für die Familie, für Freizeitaktivitäten oder einfach für das Faulsein. Professor Seiwert empfiehlt eine Reduzierung der eigenen Hüte und Rollen auf maximal sieben. Nur die konsequente Konzentration auf das Wesentliche bei den beruflichen wie den privaten Lebenshüten garantiert Erfüllung, Ausgewogenheit und Lebenserfolg. Zweifelsohne können wir bestimmte Hüte und Rollen auf gar keinen Fall ablegen, beispielsweise die Rolle als Eltern. Auch jeder, der einen Beruf zum Lebensunterhalt ausübt, kann diesen Hut nicht absetzen. Abstriche und Einsparungen können Sie jedoch bei Ihren zahlreichen Nebenrollen vornehmen. Die meisten von uns wollen einfach zu viel. Wenn wir einer normalen, vollzeitlichen beruflichen Betätigung nachgehen, ist unsere regelmäßige wöchentliche Lebenszeit aber einfach zu kurz, um all diesen Möchtegern-Aktivitäten Zeit und Raum zu geben. Wer es trotzdem probiert, beschleunigt zu sehr auf eine erhöhte Drehzahl. Dies kostet Lebensenergie, Gesundheit und letztlich Lebensjahre.

Ganzheitlich leben

Für Professor Seiwert liegt das Geheimnis eines erfolgreichen Lebens in einem ganzheitlichen Zeit- und Lebensmanagement. Das bedeutet, die Bereiche Körper, Sinn, Kontakte sowie Leistung und Arbeit in einem ausgewogenen Gleichgewicht zu halten. Die einzelnen Lebensbereiche stehen in gegenseitiger Abhängigkeit zueinander. Durch eine einseitige Überbetonung des beruflichen Bereichs etwa werden das persönliche Wohlbefinden und die Gesundheit ebenso wie private Kontakte oder Beziehungen vernachlässigt. Und ohne klare Sinnorientierung und Wertvorstellungen werden langfristig auch persönliche Motivation und die Leistungsfähigkeit rasch abnehmen.

Ein Ungleichgewicht in ein oder zwei Lebensbereichen wirkt sich auch auf die anderen Bereiche aus. Ein Zuviel bei Leistung und Beruf führt zu kleineren oder größeren gesundheitlichen Störungen, zu Konflikten in familiären oder privaten Beziehungen oder gar zu Sinnkrisen. Wer sich andererseits nur noch auf die Sinnsuche begibt und einen Bewusstseinserweiterungstrip nach dem anderen absolviert, verliert nicht selten den Blick für die anderen Lebensbereiche.

Leistung ist nicht alles

Bei den meisten Menschen steht zweifelsohne der Beruf an erster Stelle. Leistungen hier werden rasch mit Bewunderung, gesellschaftlicher Anerkennung sowie einem höheren Einkommen honoriert. Das verleitet sehr leicht dazu, diesem Bereich immer mehr Stellenwert im Leben einzuräumen. Die Gesundheit ist für viele Menschen so lange kein Thema, wie sie sich körperlich fit und leistungsfähig fühlen. Versagen jedoch einzelne Teile des Körpers ihren Dienst, beispielsweise das Herz oder der Magen, dann merken wir auf einmal, wie wichtig Gesundheit ist. Gezwungenermaßen widmen daher immer mehr Menschen einen erheblichen Teil ihrer Zeit der Erhaltung oder Wiederherstellung ihrer Gesundheit. Allerdings nicht selten mit dem Ziel, eine noch höhere berufliche Leistungsfähigkeit freisetzen zu können.

Die Kontakte zum Ehe- oder Lebenspartner, zu Kindern, Freunden, Eltern und ganz allgemein zu den Mitmenschen werden unter diesen Umständen häufig vernachlässigt. Auch der Frage nach den Werten, die unserem Leben Sinn geben, und den persönlichen Zielen wird zu wenig Aufmerksamkeit gewidmet. Meist haben sich solche Bereiche dem überragenden Posten Beruf unterzuordnen.

Info

Der Terroranschlag vom 11. September 2001 auf das World Trade Center in New York hat auf schockierende Weise gezeigt, wie angreifbar äußere Werte und Symbole sind, und einen Prozess des Umdenkens in Gang gesetzt. Die Menschen rücken wieder näher zusammen, man sucht verstärkt Rückhalt bei Familie und Freunden. Auch die Kirche und Religionsgemeinschaften erleben großen Zulauf.

Das schöpferische Potenzial erwecken

Erfolgreiche Menschen sind oft Menschen, die nicht jede Minute verplanen. Im Gegenteil, sie gönnen sich genügend Zeit und Muße, um eigenen Gedanken und der persönlichen Kreativität Raum zu geben. Neue Ideen und schöpferisches Denken entstehen nach den Erkenntnissen der Hirnforscher in der rechten Gehirnhälfte. Während wir mit der linken Gehirnhälfte klar und analytisch denken, ist die rechte Gehirnhälfte für alle »unlogischen« Bewusstseinsbereiche zuständig: Träume, Intuition, Assoziationen und kreative Gedanken. Moderne Managementtechniken haben mittlerweile das Potenzial erkannt, das in der rechten Gehirnhälfte steckt, und bieten so genannte Kreativitätskurse an. Dabei soll durch verschiedene Übungen gelernt werden, beide Hirnhälften wieder in Einklang zu bringen.

Doch Sie können Ihrer rechten Gehirnhälfte viel einfacher (wieder) zur Geltung verhelfen: Praktizieren Sie die biologische Faulheit. Indem Sie sich schöpferischen Tätigkeiten hingeben, schalten Sie Ihren (links gelegenen) Verstand zeitweilig aus. Hören Sie also Musik, besuchen Sie eine Kunstgalerie, betreiben Sie ein handwerkliches Hobby, wie beispielsweise Töpfern, Malen oder Gartenarbeit, oder legen Sie sich einfach faul in eine Hängematte. Auf diese Weise sprechen Sie ganz intensiv Ihre rechte Gehirnhälfte an und schaffen den Boden für neue kreative Ideen. Sie werden sich dadurch bereichert fühlen und manche Probleme so bereits innerlich lösen, für die Sie im Außen hart kämpfen müssten.

Malen – der Weg zum Unterbewussten

Ein ausgezeichnetes Kreativitätstraining für Jung und Alt ist Malen. Kinder toben sich dabei mit Begeisterung aus, Erwachsene tun es – wenn überhaupt – häufig nur verhalten. Dabei gibt jeder Mensch in einem Gemälde ein Stück seines Innenlebens preis. Man denke nur an die Bilder schwer Krebskranker, die richtig unter die Haut gehen. Emotionen, die in dieser Form einem Menschen oft gar nicht bewusst sind oder zugelassen werden, dürfen in Bildern und Zeichnungen »ausbrechen«.

Beim Malen geht es nicht darum, ein Kunstwerk zu produzieren. Man greift zu Farbe und Pinsel und lässt seiner Kreativität und seinen inneren Impulsen freien Lauf. Dieses ungehemmte Ausleben der eigenen schöpferischen Kraft stillt bei den meisten Menschen ein tief sitzendes, leider häufig verschüttetes Verlangen. Es ist wie ein Ventil des Unterbewusstseins. Man entdeckt dabei bislang nicht wahrgenommene Seiten seines Innenlebens. Künstlerisches Schaffen baut eine Brücke zwischen Fantasiewelt und Realität, lässt Trauer und Verluste zu und schenkt Hoffnung und neuen Mut.

Biologische Reserven anlegen

Wenn Sie biologische Faulheit praktizieren, ernten Sie nicht nur Lebensjahre. Ihr Lohn sind biologische Reserven. Darunter versteht man das Potenzial des Körpers, Reserven für Notfälle zu besitzen und sich schnell wieder regenerieren zu können. Wenn Sie immer bis an Ihr körperliches Limit gehen, werden Sie bei Krankheit oder Extrembelastung keine extra Leistungskapazitäten zur Verfügung haben. Da Sie immer kurz vor dem »roten Bereich« stehen, geraten Sie bei jedem Zuviel für Ihren Körper gleich in diesen Grenzbereich, sprich in einen krankhaften Zustand oder in ein Energiedefizit. Umgekehrt regeneriert sich ein Körper, der in der biologischen Ideallinie lebt, bei Unfällen oder Verletzungen rascher als ein erschöpfter Organismus. Auch die seelische Widerstandskraft ist bei »biologisch faulen Menschen« größer als bei den ewig gehetzten und gestressten Zeitgenossen.

Biologische Faulheit bedeutet, mit dem Organismus behutsam umgehen, ihn zu fordern, aber nicht zu überfordern.

Fast jeder weiß heute, wie man seinen Körper pfleglich behandelt: Regelmäßiger Sport, vernünftige Ernährung, ausreichend Schlaf, dazu die einzelnen Organe wie Magen oder Leber nicht überlasten – hierüber sind die meisten Menschen bestens informiert. Wer bewusst seinen Organen nicht zu viel zumutet und sie entsprechend ihrer Bestimmung auslastet, dem danken sie es mit reibungslosem Funktionieren, selbst in Notzeiten. Einem Organ allerdings wird in der Regel zu wenig Aufmerksamkeit geschenkt, dem Gehirn. Hier steht die Wissenschaft jedoch auch erst am Anfang.

Das Fitnessprogramm für Ihr Gehirn

Während Sie diese Zeilen lesen, laufen rund eine Million chemischer Reaktionen in Ihrem Kopf ab – unvorstellbar, was das Gehirn leistet! Wie kaum ein anderes Organ entscheidet das Gehirn darüber, ob wir unser Leben als angenehm oder als belastend empfinden. Hier sprechen die Wohlfühlhormone, aber auch depressiv machende Botenstoffe eine deutliche Sprache. Hier entscheidet sich, ob wir glücklich oder traurig sind. Hier spielt sich die Kommunikation mit der Umwelt ab. Die Fähigkeit des Gehirns, Informationen zu speichern und sie später wieder abzurufen, wird als Gedächtnis bezeichnet und gehört zu den Grundeigenschaften des sozialen Lebens. Man unterscheidet das Kurzzeitgedächtnis und das Langzeitgedächtnis. Im Kurzzeitgedächtnis werden Informationen lediglich für wenige Stunden oder Tage gespeichert und dann wieder gelöscht. Im Langzeitgedächtnis werden bestimmte Botschaften, Erlebnisse oder Lerninhalte lebenslänglich registriert, sind also geradezu unauslöschlich. In der Schulzeit gelernte Gedichte können wir selbst Jahrzehnte später auswendig aufsagen.

Mit fortschreitendem Alter verändern sich Gehirn und Nervensystem. Die Masse des Gehirns nimmt mit dem Alter etwas ab. Im Vergleich zu einem 20-Jährigen mit einer mittleren Hirnmasse von etwa 1400 Gramm wiegt das Gehirn eines 60-Jährigen nur noch durchschnittlich etwa 1335 Gramm. Die Ursache: Einmal verloren gegangene Nervenzellen können nicht mehr ersetzt werden; sie wachsen nicht nach. Weiterhin lagern sich mit den Jahren vor allem Lipofuszine, eine Art braun gefärbtes Abfallprodukt, in den Nervenzellen ein, was zu den so genannten senilen Plaques führt. Auch nimmt die Versorgung und Durchblutung durch das Kapillarsystem langsam, aber deutlich ab. Alle diese Veränderungen bewirken Altersvergesslichkeit, Persönlichkeitsveränderungen im Alter, mangelnde Anpassungsfähigkeit, Begriffsstutzigkeit oder Altersstarrsinn. Doch dem Verschleiß Ihres Gehirns können Sie vorbeugen. Damit die »Hardware«, also die Gehirnstrukturen, gut funktioniert, dürfen Sie ein Schonprogramm einlegen:

- Vermeiden Sie Stress jeglicher Art, vor allem den oxidativen Stress. Befolgen Sie hierzu die Tipps auf Seite 59ff.
- Das Gehirn braucht Sauerstoff, damit es richtig funktionieren kann. Bewegen Sie sich daher regelmäßig an der frischen Luft, um Energie in Ihre grauen Zellen zu pumpen. Meiden Sie Nikotin, dadurch entsteht Sauerstoffmangel im Gehirn.

Info

Das Gehirn eines Menschen besteht aus über 10 Milliarden Nervenzellen. Es wiegt im Durchschnitt bei einem Mann 1400 Gramm, bei einer Frau 1250 Gramm. Obwohl es nur etwa zwei Prozent des Körpergewichts ausmacht, verbraucht das Gehirn zehnmal so viel Energie wie andere Körpergewebe, und zwar Tag und Nacht, ohne Pause.

- Trinken Sie ausreichend. Sie verdünnen auf diese Weise Ihr Blut, es kann so mehr Nährstoffe und Sauerstoff ins Gehirn transportieren.
- Essen Sie ausreichend, denn das Gehirn verbraucht etwa ein Fünftel unserer Energie. Ausgesprochene Gehirn- und Nervennahrung sind Vollkornprodukte (enthalten B-Vitamine), Fisch (enthält Omega-3-Fettsäuren), Eier (enthalten Lecithin und Cholin) und Nüsse (enthalten das Spurenelement Bor). Damit wird Ihr Gehirn hellwach.
- Achten Sie auf genügend Schlaf. Ihre Gehirnzellen brauchen die Entspannung, um sich zu regenerieren, beziehungsweise Träume, um Belastendes zu verarbeiten.

Für die Gedächtnisfunktionen – die »Software« des Gehirns – gilt genau das Gegenteil: Training statt Schonung ist angesagt. Durch regelmäßige geistige Betätigung kann man sein Denkorgan bis ins hohe Alter fit und leistungsfähig erhalten.

- Fordern Sie Ihr Gehirn regelmäßig, vor allem wenn Sie nicht mehr aktiv im Beruf stehen. Kreuzworträtsel, das Erlernen einer Fremdsprache oder das Lösen kniffliger Denksportaufgaben sind ein hervorragendes Gedächtnistraining.
- Tauschen Sie den Fernseher immer öfter gegen ein anregendes Buch. Beim Lesen werden Kreativität und Fantasie gefördert, Dauerfernsehen dagegen schaltet das Gehirn auf einen ungesunden Schongang.
- Viele Gesellschaftsspiele eignen sich bestens, um im Kopf fit zu bleiben. Wie wäre es mit Memory, Risiko, Cluedo und Co.? Zugleich sorgt ein Spiel in froher Runde für gute Laune – auch ein Fitmacher fürs Gehirn!

- Lernen Sie ein Musikinstrument spielen. Dabei muss Ihr Gehirn Handgriffe, Tempo und Takt präzise koordinieren.
- Eine einfache, aber wirkungsvolle Denkübung, die Sie überall durchführen können: Nehmen Sie ein längeres Wort und bilden Sie (im Kopf, ohne Papier und Bleistift!) aus den Buchstaben dieses Wortes neue Wörter. Aus »Tannenbaum« ergibt sich beispielsweise Tanne, Anna, Nonne, Niere usw.
- Nehmen Sie Ihre Umwelt immer wieder ganz bewusst wahr und versuchen Sie sich möglichst viele Details einzuprägen. Machen Sie den »Spaziergang der Sinne« (siehe Seite 145ff.); er tut nicht nur Ihren Sinnesorganen gut, sondern auch Ihrem Gehirn!
- Pflegen Sie soziale Kontakte. Sie trainieren damit die komplexen Hirnfunktionen wie vernetztes Denken und schnelle Reaktionen. Sie können sich so besser auf neue Situationen einstellen.

Laster, die Ihre biologischen Reserven auszehren

Alkohol, Kaffee, Zigaretten: Dieses Trio gehört für viele Menschen zum Alltag und kommt als vermeintlicher Stresskiller oder Muntermacher zum Einsatz. Wer Alkoholischem sowie Koffein nur dosiert frönt, wird seiner Gesundheit wohl kaum schaden, sondern ein Plus an Lebensfreude gewinnen. Wenn man dagegen regelmäßig größere Mengen Alkohol konsumiert und exzessiv Kaffee trinkt, gefährdet man zweifelsohne seine Gesundheit. Besonders gefährlich ist das Rauchen. Neben dem Risiko für Lungenkrebs führt Rauchen auch zu einer erhöhten Ausschüttung des Stresshormons Kortisol.

Zu üppiges Essen: Übergewicht reduziert die Lebenserwartung ganz beträchtlich. Laut Statistik sinkt pro ein Prozent Übergewicht die Lebensdauer um rund 0,2 Jahre (oder genau 62 Tage). Wer statt 70 Kilogramm rund 85 Kilo auf die Waage bringt, hat eine um rund 3,5 Jahre geringere Lebenserwartung. 35 Kilo Übergewicht bedeuten eine um rund 150 Prozent erhöhte Sterblichkeit. Bereits vor 50 Jahren stellten französische Wissenschaftler fest, dass Menschen mit viel Oberkörperfett oft an Herzkrankheiten, Diabetes und anderen Beschwerden litten. Doch erst die Einführung der Computer-Tomographie zeigte, dass eine bestimmte Art von Fett, das viscerale Fett im Bauchraum, mit diesen Erkrankungen in engem Zusammenhang steht. Kritisch wird es, wenn der Taillenumfang bei Frauen 90 Zentimeter und bei Männern 100 Zentimeter übersteigt, unabhängig von der Körpergröße. Die gute Nachricht: Da es sich um hoch stoffwechselaktives Fett handelt, verbrennt es auch am schnellsten, zum Beispiel durch Sport.
Arbeitssucht: Stress und Ehrgeiz sind die wohl stärksten Trieb-

Info

In jeder Sekunde strömen von außen 100 Millionen Bit Informationen auf das Gehirn ein. Beim Kaffeeduft sind es 20 Bit pro Sekunde; betrachten wir ein Bild, sind es 10 Millionen Bit. Da das Gehirn nur alle drei Sekunden eine neue Botschaft aufnehmen kann, selektiert es. Werden wir von Sinnesreizen überflutet, schützt sich das Gehirn durch Vergesslichkeit.

kräfte, die einen Menschen dazu bringen können, seine körperlichen Bedürfnisse komplett zu ignorieren und zu unterdrücken. Bei »Workaholics«, die nur für die Arbeit leben, entlädt sich die Lebensbatterie dramatisch rasch – am Ende steht der totale Zusammenbruch.

Lebenskonflikte sind Energiekonflikte

Konflikte verzehren Lebensbausteine

Nicht selten erweist es sich, dass Menschen, die immer wieder gesundheitliche oder persönliche Rückschläge zu beklagen haben, häufig gegen die Gesetze des ganzheitlichen Lebensmanagements verstoßen. Wer ständig krank ist, fordert seinen Organismus im Alltag oft bis an die Grenzen und beraubt sich so der Kräfte für Regenerationsprozesse. Wer darunter leidet, keine Freunde zu haben oder keinen Partner zu finden, bei dem nehmen Bereiche wie Beruf oder Fitness meist einen übergroßen Lebensraum ein, so dass für zwischenmenschliche Kontakte schlichtweg die Zeit – und damit auch die Gelegenheit – fehlt.

Mit seinem Geld geht man in aller Regel sorgfältig um, man versucht günstig einzukaufen und zu sparen. Geldverschwendung zu vermeiden ist das oberste Gebot. Nicht so dagegen mit den eigenen Energien. Damit gehen viele Menschen geradezu unbekümmert verschwenderisch um. Energie scheint ja endlos vorhanden zu sein. Ein Irrtum, wie Sie inzwischen wissen!

Energieverschwendung macht sich nicht nur in nachlassender Leistungsfähigkeit bemerkbar, sie entzieht dem Körper regelrecht wertvolle Bausteine. Eine ganze Reihe von Ereignissen, denen sich unser Körper unterzieht beziehungsweise unterziehen muss, kosten »Biosprit«, wie die folgende Tabelle zeigt.

Bildschirmarbeit führt zu einem erhöhten Verbrauch an den Vitaminen A und B2 sowie Zink.

Energieräuber	Führt zu erhöhtem Verbrauch an
Rauchen	Vitamin C
Hoher Alkoholkonsum	Magnesium, Zink, B-Vitamine
Umweltverschmutzung	Antioxidanzien
Schwangerschaft	insbesondere Folsäure, B-Vitamine, Kalzium, Eisen
Ärger, Wut	Vitamin C
Aufregung, Angst	Vitamin B_6
Dauerstress, Arbeitsüberlastung	Magnesium, Pantothensäure, Vitamin A, Vitamin C, Selen
Intensive geistige Arbeit	Vitamin E, Selen, Vitamin B_{12}, Vitamin B_6, Zink, Selen
Exzessiver Sport	Antioxidanzien, Kalium, Kalzium, Magnesium, Zink, Eiweiß
Kummer und Sorgen	Zink
zu wenig Bewegung, Elektrosmog	Melatonin
Infektionen	Vitamin A, C, Zink
zu wenig Sonnenlicht	Vitamin D_3
Ernährungsfehler (Fertigprodukte, Diäten, einseitige Kost)	Coenzym Q_{10}, Folsäure, Vitamin B_{12}
zu wenig Schlaf	DHEA (Dehydroepiandrosteron)
Nervosität	Magnesium, Kalzium, Eisen, Vitamin C

Darüber hinaus verschlingt jede erhöhte Anforderung an den Körper Eiweiß. Dies ist der Baustoff für zahlreiche Hormone und Botenstoffe, für die Faktoren unseres Abwehrsystems, für Haut und Haare und noch mehr. Ein erhöhter Eiweißverschleiß kann langfristig den Organismus aus dem Lot bringen.

Vorsicht Energielecks!

Beugen Sie einer Energieverschwendung rechtzeitig vor! Stopfen Sie Lecks in Ihrer Lebensbatterie rechtzeitig und lassen Sie nicht zu, dass Ihr kostbarer Lebenssprit ungenutzt verrinnt. Die folgenden Symptome sind meist ein Anzeichen dafür, dass Lebensenergie ungenutzt »ausläuft«.

- Angst und Unruhezustände
- Gereiztheit und Aggressivität
- Verlust der Lebensfreude
- Schlafstörungen, Erschöpfung und Müdigkeit
- chronische Kopf-, Nacken- und Rückenschmerzen, verursacht durch Verspannungen der Skelettmuskulatur
- Anfälligkeit gegenüber Infektionskrankheiten
- Spannungskopfschmerzen
- Herzklopfen
- Durchfall
- ständige Mundtrockenheit
- Schweißausbrüche
- Gewohnheitsänderungen (insbesondere verstärkter Konsum von Genussmitteln wie Alkohol, Kaffee, Zigaretten)
- nachlassende Konzentrationsfähigkeit
- Appetitlosigkeit
- Heißhungerattacken
- Kreislaufstörungen
- Nervosität
- Leistungsminderung
- Magenschmerzen

- Stottern oder nervöses Lachen
- häufiger Harndrang
- Verletzungsanfälligkeit
- ausgeprägte Ungeduld
- Gefühle der Hoffnungslosigkeit und des Selbstzweifels
- Gefühle der Langeweile und des Unbeteiligtseins

Wann immer Sie diese Symptome bei sich oder Ihren Mitmenschen feststellen, sollten Sie nach Energiefallen im Alltag fahnden. Besinnen Sie sich wieder auf die Gesetze der Faulheit und tanken Sie Ihren Organismus nach und nach auf. Nehmen Sie solche Beschwerden unbedingt ernst; gegebenenfalls sollten Sie sich auch von einem Arzt oder Therapeuten helfen lassen.

Der feinstoffliche Krieg – ein Energieräuber

Sind Sie schon einmal Menschen begegnet, die Ihnen Kraft geraubt haben, ohne dass Sie so recht wissen, weshalb? Kennen Sie Orte, an denen Sie sich scheinbar grundlos nicht wohl fühlen? Fließt Ihnen an manchen Tagen oder in manchen Situationen Ihre Energie im wahrsten Sinn des Wortes davon? Auch wenn die Wissenschaft es (noch) nicht zu messen vermag: Energie kann auch auf nichtmateriellem Weg, das heißt ohne offensichtliche körperliche oder seelische Anstrengung, aus dem Körper fließen. Man nennt dies den »feinstofflichen Krieg«.

Jeder Mensch verfügt über eine natürliche geistige Schutzhülle, die so genannte Aura. Diese Hülle ist wie ein Spiegel des Menschen, sie reflektiert Gesundheit und die Gesinnung des Besitzers,

Info

Negative Gefühle und Herzinfarkt
Lange Zeit glaubten Wissenschaftler, von Ehrgeiz, Arbeitssucht und Zeitdruck getriebene Menschen seien die typischen Herzinfarktkandidaten. Heute weiß man es besser: Feindseligkeit, Wut und Zynismus setzen dem Herzen am meisten zu. Ändern Sie deshalb Dinge, die Sie ändern können, aber akzeptieren Sie Situationen, aus denen momentan kein Weg herausführt. Denken Sie immer an die Auswirkungen auf Ihren Körper.

sie macht dessen Ausstrahlung aus. Mit seiner Aura zieht ein Mensch seine Mitmenschen an oder stößt sie ab. Diese Aura schützt vor Gefahren und verhindert seelischen Energiemangel. Ohne diese energetische Schutzhülle würde beispielsweise ein Arzt den Schmerz jedes Patienten am eigenen Körper spüren oder würde ein Psychotherapeut die seelischen Probleme seiner Klienten auf sich ziehen. Ein gesunder, geistig und seelisch ausgeglichener Mensch besitzt eine stabile Aura, die ihn vor solchen Fremdenergien schützt. Psychologen sprechen auch von der Fähigkeit eines Menschen, sich gegenüber der Umwelt abgrenzen zu können.

Verschiedene Umstände können nun zu einem Zusammenbruch dieses natürlichen Schutzes führen, etwa Krankheit, Liebeskummer, ein Unfall, ein Todesfall in der Familie, Scheidung, Konflikte und Streitigkeiten oder finanzielle Verluste. Die häufigste Ursache für einen mangelnden seelischen Schutz ist jedoch eine anhaltende Überlastung des Organismus durch zu viel Arbeit und Umtriebigkeit. Wenn Sie sich in einer solchen Situation befinden, werden Sie selbst merken, dass Sie immer verletzlicher werden und Ihre Energie regelrecht zu schwinden scheint. Auch wird man dann leicht zum Spielball seiner Mitmenschen. Das kann so weit gehen, dass man gar nicht mehr sein eigenes Leben lebt, sondern dort existiert, wo man »hingestellt« wurde. Lassen Sie es auf keinen Fall so weit kommen!

Das beste Mittel, Ihre natürliche Schutzhülle aufrechtzuerhalten oder wiederherzustellen, ist die biologische Faulheit. Dadurch gewinnt der Körper wieder Energie, Sie erhalten eine ganz andere Ausstrahlung. Es gibt eine ganze Reihe von Übungen, um die persönliche Aura zu stärken. Und das sind zugleich fantastische Faulheitsübungen. Hier ein paar Beispiele:

- Erlernen Sie Atemübungen und Yoga, um jederzeit gezielt entspannen zu können.
- Entspannen Sie sich und stellen Sie sich vor, Sie seien von einer schützenden Lichthülle umgeben.
- Laufen Sie und stellen Sie sich dabei vor, Sie würden vom Wind gereinigt.
- Befreien Sie sich von negativen und hasserfüllten Gedanken und versuchen Sie zu einer positiven Lebenssicht zu finden.

Pflegen Sie Ihren Körper. Ein sauberer Mensch hat eine andere Ausstrahlung als ein ungepflegter. Durch die körperliche Reinigung reinigen Sie auch Ihre Aura und stärken sie auf diese Weise.

Energiebalancing: der Weg zu Gesundheit und Glück

Das Geheimnis eines gesunden und glücklichen Lebens heißt Energiebalancing: Leben im Gleichgewicht der Energien. Sie wissen jetzt, wie Sie mit biologischer Faulheit Lebensenergie sparen können. Das hat eine doppelte Auswirkung:

- Energiesparen auf körperlicher Ebene verhilft Ihnen zu mehr Gesundheit und Vitalität.
- Energiesparen im Lebensalltag schenkt Ihnen mehr Freiräume für Glück und Erfüllung.

Wenn Sie Ihr Leben im energetischen Gleichgewicht halten, werden Sie reich – reich an Gesundheit und an Lebenszufriedenheit. Ein energetisches Lebensgleichgewicht entsteht immer durch einen bewussten Gang durchs Leben. Schreiten Sie also durch Ihren Alltag und Ihre Lebenszeit, gehen Sie manchmal auch zügig, aber rasen Sie nicht! Die folgende Geschichte einer jungen Frau, die ich persönlich miterlebt habe, zeigt, wie sich das ganze Leben durch eine Verringerung des Lebenstempos verändern kann.

Ein neues Leben im energetischen Gleichgewicht

Petra, Anfang 30, war eine erfolgreiche Rechtsanwältin. Sie arbeitete in einer großen Kanzlei, genoss bei ihren Mandanten höchstes Ansehen und hatte ein gutes Einkommen.

Dafür musste sie allerdings 70 Stunden und mehr in der Woche arbeiten. Aber das machte Petra nichts aus, schließlich konnte sie sich so ein verhältnismäßig luxuriöses Leben leisten. Doch nach einiger Zeit fühlte sich Petra nicht mehr wohl, Magenschmerzen und Übelkeit plagten sie. Ihr Arzt stellte ein Magengeschwür fest. Er verschrieb ihr Medikamente und riet ihr, sich beim Essen mehr Zeit zu lassen. Damit traf er genau ins Schwarze. Das Frühstück bestand bei Petra nämlich meist aus einer hastig getrunkenen Tasse Kaffee, zu Mittag aß sie einen schnellen Snack, und abends war sie viel zu müde, um sich eine richtige Mahlzeit zuzubereiten; daher gab es nur ein Fertiggericht aus der Mikrowelle. Nun begann Petra jedoch, sich etwas bewusster zu ernähren. Sie frühstückte ausgiebig, ging mittags in ein vegetarisches Schnellrestaurant und machte sich abends öfter einen Salat. Außerdem belegte sie an der Volkshochschule einen Kurs für autogenes Training. Die Maßnahmen zeigten bald Wirkung: Petras Magen erholte sich, die junge Anwältin fühlte sich wieder wohl. Eine neue Leidenszeit begann, als sich ihr langjähriger Freund von ihr trennte. Danach wollte es mit weiteren Beziehungen einfach nicht klappen. Während ihre Freundinnen heirateten und Familien gründeten, bestand Petras Leben nur noch aus Arbeit. Eines Tages hörte sie in einem Vortrag von den Gesetzen des Freiraums im Leben. Nur das könne eintreten, wofür man auch Platz im Leben schaffe, so das Resümee. Petra wurde plötzlich klar: Ihr Job nahm so großen Raum in ihrem Leben ein, dass für einen Mann oder gar Kinder kein Platz war. Nach reiflichem Überlegen kündigte

Petra ihren stressigen Job und nahm eine Tätigkeit in einem kleinen Unternehmen an, die zwar schlechter bezahlt war, ihr dafür aber mehr Freizeit ließ.
Nun begann Petra sich Dinge zu gönnen, für die sie früher nie Zeit gehabt hatte: Sie nahm an einem Malkurs teil, ging regelmäßig zur Kosmetikerin, erlernte Meditation und entdeckte ein neues Hobby, das Inlineskating. Sie genoss das Leben wieder und merkte erst jetzt, was ihr in den letzten Jahren gefehlt hatte. Bei einer ihrer Aktivitäten lernte Petra ihren heutigen Mann Werner kennen, mit dem sie mittlerweile eine Familie gegründet hat. Das Gesetz des biologischen Freiraums hatte ihr zu Gesundheit und zu einem erfüllten Leben verholfen.

Auch Sie können Ihrem Leben eine neue positive Wendung geben. Überlegen Sie, was Ihnen wichtig ist. Versuchen Sie anhand der Gesetze der Faulheit »energetische Schieflagen« auszugleichen. Forscher haben festgestellt, dass Menschen, die mit jeder Situation in ihrem Leben fertig werden, ohne ernsthaft zu erkranken, meist Menschen sind, die ihrem Leben einen Sinn geben, die aus eigenem Wollen Distanz und Nähe zu ihren Mitmenschen herstellen können, die ein großes Arbeitspensum bewältigen, aber die Arbeitsbelastung mit Pausen auszugleichen verstehen, und die über religiöse Bindungen und Empfindungen verfügen – also einen rundum ausgeglichenen Alltag haben.

Der Klub der Hundertjährigen – Albtraum oder Paradies?

Ein Leben nach dem Prinzip Faulheit hat eine »Nebenwirkung«: Sie gewinnen Jahre. In der Tat, biologische Faulheit ist das Ticket in den Klub der Hundertjährigen. Sie besitzen die allerbesten Chancen, dem für einen Menschen möglichen biologischen Höchstalter von etwa 120 Jahren so nahe wie möglich zu kommen. Das ist zunächst eine erfreuliche Perspektive. Doch man sollte nicht nur auf die bloße Anzahl der Lebensjahre blicken. Wichtig sind die Jahre davon, die man in guter Gesundheit verbringen kann. Lebensjahre können sogar zu einer Strafe werden, wenn sie von Krankheit geprägt sind. Nach derzeitigen Schätzungen hat der Durchschnittsmann mit 65 noch eine Lebenserwartung von knapp 15 Jahren, kann aber nur mit 9 gesunden

Info

Das biologische Höchstalter und die mittlere Lebenserwartung
Die mittlere Lebenserwartung gibt an, wie lange die Mitglieder einer Bevölkerungsgruppe im Durchschnitt leben. Sie wird stark von äußeren Einflüssen wie Ernährung, medizinische Versorgung und Hygiene beeinflusst. Anders dagegen das biologisch mögliche Höchstalter. Es ist genetisch bedingt und unabhängig von äußeren Faktoren. Es gibt an, wie alt ein Lebewesen maximal werden kann.

Jahren rechnen. Einer gleichaltrigen Frau bleiben rund 19 Jahre, davon 10 gesunde.

Die Grundlage für Ihr Befinden im Alter legen Sie ein Leben lang täglich dadurch, wie Sie Ihren Alltag gestalten. Je schneller Sie leben, je heller folglich Ihre innere Stoffwechselflamme brennt, desto höher ist der Verschleiß an den körperlichen Strukturen, desto größer ist die Wahrscheinlichkeit, im Alter krank zu sein, und desto kürzer ist die tatsächliche Lebenserwartung. Wer seine Energien verschwendet, stirbt früher. Gehen Sie deshalb pfleglich mit Ihrem Körper und Ihrem Leben um und beugen Sie vorzeitigen Verschleißprozessen vor. Dann werden Sie auch als Oldie noch viel Spaß haben und sich guter Gesundheit erfreuen.

Moderne Molekularbiologie – ist alles möglich?

Das Genom des Menschen – die im Chromosomensatz vorhandenen Erbanlagen – ist entschlüsselt: Wir wissen nun, dass wir rund 30 000 Gene besitzen. Daran knüpft sich die Hoffnung, Krankheiten auf gentechnischem Weg heilen zu können. Auch sucht man fieberhaft nach den Alterungsgenen und möchte diese ausbremsen. Die Vision vom langen Leben in ewiger Jugend scheint zum erreichbaren Traum geworden zu sein. Doch sind wir wirklich schon so weit? Forscher haben zwar das Genom entziffert, lesen können sie jedoch im Buch des Lebens (noch) nicht. Ein Gen stellt zunächst ein Potenzial an Möglichkeiten dar. Realität entsteht daraus, wenn es in ein Protein übersetzt wird, das dann aktiv in den Stoffwechsel eingreift. Und genau diesen Prozess versuchen die Wissenschaftler nun zu verstehen. Doch wird es möglich sein, dem Tod ein Schnippchen zu schlagen?

Amerikanische Altersforscher gehen davon aus, dass die Erbanlagen eines Menschen die körpereigenen Reparatursysteme nur so lange am Arbeiten halten, bis gewährleistet ist, dass das Individuum lange genug gelebt hat, um sich fortzupflanzen, das heißt, bis es die Erbanlagen weitergegeben hat. Dann werden sie »abgeschaltet« beziehungsweise nicht mehr funktionsfähig gehalten. Nach dieser Ansicht erscheint es nicht sinnvoll, den Organismus als Ganzes mit allen verfügbaren Mitteln auf potenzielle Unsterblichkeit zu trimmen. Die dafür notwendige Energie ist viel günstiger in die Fortpflanzung investiert. Altern und Tod gelten demnach weder als ein Unfall der Natur noch als eine Panne der Evolution, sondern als gewolltes Ereignis.

Hier bietet sich wieder ein Vergleich mit technischen Gegenständen an. Viele Geräte könnten für eine lange Haltbarkeit produziert werden. Die Realität sieht anders aus: Zahlreiche Artikel werden zum einmaligen Gebrauch hergestellt, weil die Neuproduktion wesentlich einfacher und rationeller ist. Kein Mensch bringt sein altes Auto oder seinen veralteten Computer durch Einbau neuer Teile und ständige Reparaturen der Verschleißteile auf den technisch und optisch neuesten Stand. Ab einem bestimmten Alter wirft man das Alte einfach weg, selbst wenn es sich noch als voll funktionsfähig erweist, weil der Neukauf ganz einfach wirtschaftlicher ist. Sicher spielt auch der Wunsch nach etwas Neuem eine Rolle. Die Natur denkt offensichtlich genauso; sie hat es nicht vorgesehen, den Menschen durch Reparaturen immer wieder auf den neuesten Stand zu bringen. Nach einer bestimmten Lebensspanne ist dessen »Gebrauchszeit« schlichtweg abgelaufen. Neues ist gefragt.

Gene sind unsterblich

Und dennoch unterscheidet sich ein Organismus von einem technischen Gerät, denn das Modell vom Einwegprodukt mit Verfallsdatum gilt nur für die körperlichen Zellen. Unsterblich im wahrsten Sinn des Wortes sind jedoch die weitergegebenen Erbinformationen, die sich des übrigen Organismus lediglich als entbehrliches Transportvehikel entledigen, wenn eine neue Generation in die Welt gesetzt wurde. Seit Anbeginn des Lebens haben sich auf diese Weise Organismen erfolgreich fortgepflanzt und ihre Existenz am Leben erhalten.

In jedem Menschen steckt noch die »unsterbliche« Information aus unvorstellbaren Urzeiten, als sich diese Strategie schon als vernünftig erwiesen hat. Und wir geben diese Information an unsere Kinder weiter. Altern und Tod sind daher nur die logischen Folgen aus diesen Einsichten und eine schlüssige Notwendigkeit. Durch eine ideale Lebensführung, optimale Umweltbedingungen und medizinische Intervention lässt sich deshalb zwar die durchschnittliche, nicht aber die genetisch festgelegte, programmierte, maximale Lebensspanne des Menschen wie auch eines jeden anderen Lebewesens erhöhen. Um hier eingreifen zu können, müsste man schon sehr gut im Buch des Lebens lesen können.

Muss diese Aussicht und Einsicht nun erschrecken? Im Gegenteil: In dieser Erkenntnis, die ein Grundgesetz der Biologie zu sein scheint, steckt der Aufruf, sein Leben mit allen Facetten anzunehmen und es glücklich, zufrieden und bewusst Augenblick für Augenblick zu genießen. Und dazu wünsche ich Ihnen viel Faulheit!

Register